Vikingos en Inglaterra

Una guía apasionante sobre el gran ejército pagano, así como las incursiones, guerras y asentamientos vikingos en Gran Bretaña

© Copyright 2024

Todos los derechos reservados. Ninguna parte de este libro puede ser reproducida de ninguna forma sin el permiso escrito del autor. Los revisores pueden citar breves pasajes en las reseñas.

Descargo de responsabilidad: Ninguna parte de esta publicación puede ser reproducida o transmitida de ninguna forma o por ningún medio, mecánico o electrónico, incluyendo fotocopias o grabaciones, o por ningún sistema de almacenamiento y recuperación de información, o transmitida por correo electrónico sin permiso escrito del editor.

Si bien se ha hecho todo lo posible por verificar la información proporcionada en esta publicación, ni el autor ni el editor asumen responsabilidad alguna por los errores, omisiones o interpretaciones contrarias al tema aquí tratado.

Este libro es solo para fines de entretenimiento. Las opiniones expresadas son únicamente las del autor y no deben tomarse como instrucciones u órdenes de expertos. El lector es responsable de sus propias acciones.

La adhesión a todas las leyes y regulaciones aplicables, incluyendo las leyes internacionales, federales, estatales y locales que rigen la concesión de licencias profesionales, las prácticas comerciales, la publicidad y todos los demás aspectos de la realización de negocios en los EE. UU., Canadá, Reino Unido o cualquier otra jurisdicción es responsabilidad exclusiva del comprador o del lector.

Ni el autor ni el editor asumen responsabilidad alguna en nombre del comprador o lector de estos materiales. Cualquier desaire percibido de cualquier individuo u organización es puramente involuntario.

Índice

INTRODUCCIÓN 1
CAPÍTULO UNO: LAS PRIMERAS INCURSIONES VIKINGAS (780-850 E. C.) 3
CAPÍTULO DOS: RAGNAR LODBROK 16
CAPÍTULO TRES: EL GRAN EJÉRCITO PAGANO 25
CAPÍTULO CUATRO: ALFREDO EL GRANDE 36
CAPÍTULO CINCO: EL *DANELAW* 44
CAPÍTULO SEIS: EDUARDO Y ATHELSTAN 54
CAPÍTULO SIETE: SVEND FORKBEARD Y CANUTO EL GRANDE 68
CAPÍTULO OCHO: STAMFORD BRIDGE Y HASTINGS 80
CAPÍTULO NUEVE: LA VIDA DE UN VIKINGO EN INGLATERRA 91
CONCLUSIÓN 100
VEA MÁS LIBROS ESCRITOS POR ENTHRALLING HISTORY 102
BIBLIOGRAFÍA 103
FUENTES DE IMÁGENES 110

Introducción

Érase una vez, hace muchos años, un grupo de hombres barbudos que decidieron emprender una aventura que les permitiría visitar una tierra lejana y obtener beneficios. Se subieron a un barco con cabeza de dragón y salieron a mar abierto, donde desplegaron sus velas y partieron. Una semana más tarde, más o menos, avistaron tierra, saltaron de su barco y procedieron a quemar, saquear y violar su camino a través de la comunidad antes de regresar a su barco. No se trata de un cuento de hadas de los hermanos Grimm ni de algún mito de antiguas sagas. Este episodio ocurrió repetidamente en Inglaterra durante la Edad Media. Aquellos hombres barbudos tampoco eran Papá Noel ni sus ayudantes; eran vikingos, gente con la que no se debía jugar.

Los vikingos eran piratas notorios en la Edad Media. La gente temía quienes eran y lo que eran capaces de hacer. Sin embargo, debemos recordar que gran parte de lo que sabíamos sobre los vikingos procedía de clérigos que fueron víctimas de asaltos vikingos. Describían a los vikingos como brutos sin sentido. Afortunadamente, una considerable investigación ha disminuido la campaña de desinformación monástica y tenemos una imagen más clara de quiénes eran estos hombres.

Inglaterra fue uno de los principales objetivos de las incursiones vikingas, y los vikingos crearon una gran cantidad de disturbios. Sin embargo, estos terrores de alta mar eran notablemente diferentes de los asaltantes marítimos anteriores. A diferencia de los pueblos del mar de la Edad de Bronce, los vikingos hicieron importantes contribuciones a la cultura y la lengua de Inglaterra. También ocuparon un lugar destacado en el comercio de la época. La imagen que ahora tenemos de ellos es muy diferente de la que en su día retrataron los monjes en sus manuscritos.

En este libro exploraremos a los vikingos y su impacto en Inglaterra. Estudiaremos quiénes eran los vikingos, por qué eligieron Inglaterra como lugar para atacar, su impacto en la política de la época y qué contribuciones hicieron a la sociedad inglesa. No se equivoque; admitimos que los vikingos causaron mucho daño. Sin embargo, un observador objetivo debe admitir que los exploradores del mar dejaron tras de sí un legado que enriqueció a Inglaterra y a otras zonas en las que se asentaron.

La historia de los vikingos es un relato fascinante compuesto de hechos y leyendas a partes iguales. Comprender sus hazañas y su legado nos permite apreciar mejor las fuerzas que configuraron la sociedad medieval. También podemos comprender mejor cómo se desarrolló la lengua inglesa y cómo se iniciaron algunas de las costumbres jurídicas y comerciales que damos por sentadas. Los vikingos crearon más de lo que destruyeron.

Capítulo uno: Las primeras incursiones vikingas (780-850 e. c.)

A menudo se describe a los vikingos como guerreros despiadados que aterrorizaron Europa a principios de la Edad Media. Aunque los vikingos son conocidos por sus numerosas conquistas, las incursiones vikingas en Inglaterra destacan por su ferocidad e impacto en la historia inglesa. Entre los años 780 y 850 de la era cristiana, los vikingos realizaron numerosas incursiones en Inglaterra, asaltando monasterios, pueblos y ciudades, y acabaron estableciendo sus propios reinos. Estos acontecimientos desempeñaron un papel crucial en la conformación de la historia de Inglaterra y de la era vikinga.

El portador de la perdición: El *drakkar* vikingo

Los vikingos se basaban en la sorpresa y la velocidad para tener éxito. Una incursión era un asunto bastante simple; determinaban un objetivo, desembarcaban cerca de él, atacaban, saqueaban y luego se marchaban lo más rápido posible. Normalmente, los vikingos iban y venían antes de que cualquier fuerza de socorro pudiera ayudar a la región atacada.

La mayor ventaja que poseían los vikingos eran los barcos en los que navegaban. Estos eran capaces de superar a cualquier embarcación de los reyes británicos. Lo que los vikingos diseñaron fueron los barcos más innovadores de la Edad Media.

Y no se trataba de una sola embarcación en particular. Los vikingos tenían diferentes tipos de *longships* (barcos largos). Veamos algunos de ellos:

- Karvi

El *karvi* era un barco largo más pequeño y podía utilizarse como buque de comercio y transporte. El *karvi* estaba equipado con trece bancos de remo. Como podía navegar en aguas poco profundas, era ideal para el transporte y la carga. El mejor ejemplo que tenemos de un karvi *longship* es el barco de Gokstad. Descubierto en 1880, mide más de veintitrés metros (algo más de 68 pies) de eslora.

- Snekkja

La traducción de *snekkja* es «serpiente», y así de rápido era en el agua. Tenía un mínimo de veinte bancos de remo y podía transportar una tripulación de cuarenta hombres. El *snekkja* estándar medía aproximadamente diecisiete metros (unos 55 pies) de eslora. Era un barco perfecto para las expediciones al Atlántico. El *snekkja* era capaz de soportar el tiempo tormentoso y el mar agitado, lo que era esencial para cualquier viaje a través del Atlántico Norte.

- Skeid

El *skeid* era uno de los barcos vikingos más grandes. Era un barco de guerra que tenía treinta o más bancos de remos. A finales del siglo XX se excavó un *skeid* que medía 37 metros (más de 121 pies) de eslora.

- Drakkar

El *drakkar* es el clásico barco dragón de los vikingos. Destaca por sus elaboradas tallas y la cabeza de dragón que lleva en la proa. Estos barcos se construían para tener treinta o más bancos de remos[i].

Diseño

El barco largo vikingo era estrecho y ligero, con un calado poco profundo diseñado específicamente para la velocidad. Ese poco calado permitía la navegación en aguas que podían tener hasta un metro de profundidad. El diseño de la embarcación permitía desembarcos en la playa, y su poco peso permitía llevarla por encima de los porteos. Una característica importante del barco largo era su diseño de doble punta. La proa y la popa simétricas permitían al barco invertir la dirección rápidamente sin tener que dar la vuelta. Esto era útil en los asaltos, pero este diseño tenía la seguridad en mente. El mar del Norte estaba lleno

---

[i] Discover Middle Ages. (2023, 31 de agosto). *Viking Ships*. Extraído de Discovermiddleages.co.uk: https://www.discovermiddleages.co.uk/medieval-life/viking-ships.

de témpanos y otros tipos de hielo peligrosos para la navegación. Un barco vikingo podía dar marcha atrás y navegar sin problemas, a diferencia de otras embarcaciones marítimas.

Los barcos largos se fabricaban con maderas de roble, y la proa y la popa se elevaban de tres a cuatro metros de altura. El casco tenía aproximadamente cinco metros de ancho. Sorprendentemente, no existían planos estándar para los barcos largos. En cambio, los constructores navales se basaban en embarcaciones construidas con anterioridad. El barco se construía desde la quilla hacia arriba.

Primero se fabricaban las quillas y las popas, y después las tracas, que eran líneas de tablones unidos en sentido longitudinal de popa a popa. Un diseño común era el clínker, que tenía cada tablón del casco superpuesto al siguiente. Cuando los tablones alcanzaban la altura deseada, los constructores navales añadían una cuaderna interior y travesaños. La quilla era estrecha y profunda, lo que proporcionaba resistencia bajo la línea de flotación. La impermeabilización se hacía con pelo de animal, lana, cáñamo o musgo que se empapaba en alquitrán de pino.

Las velas se confeccionaban con tela de lana áspera y se sujetaban con un mástil de hasta dieciséis metros de altura. Para gobernar el barco se utilizaba un timón lateral. La velocidad media de estos barcos era de cinco a diez nudos; la velocidad máxima con buen tiempo era de aproximadamente quince nudos. Un barco vikingo no solo podía navegar con seguridad por aguas traicioneras para llegar a su destino, sino que también podía dejar atrás a cualquier embarcación que intentara atacarlo.

Construcción de un barco largos *skeid*

Navegación

Los vikingos eran capaces de cruzar vastas extensiones de océano que no tenían puntos de referencia identificables. Los navegantes se basaban en la experiencia, pero existían algunos instrumentos rudimentarios de navegación que creemos que los vikingos utilizaron para que sus viajes tuvieran éxito.

Los historiadores creen que los vikingos utilizaban una brújula solar. Este instrumento muestra la dirección correcta y consiste básicamente en un puntero vertical sobre una superficie horizontal. La sombra del puntero se mueve a lo largo del día. Forma una curva que es diferente en las distintas latitudes y en las distintas épocas del año.

Los problemas surgían en los días nublados. Los vikingos tenían que tener alguna forma de navegar cuando hacía mal tiempo. Las sagas vikingas hablan de piedras solares. Se trataba de minerales que podían polarizar la luz y determinar la dirección del sol bajo la nubosidad. Hasta la fecha, no se han encontrado pruebas arqueológicas de piedras solares[i].

Armas vikingas

Ragnar Lodbrok (hablaremos más sobre él más adelante) habría ido a la batalla equipado con algunas de las mejores armas posibles. Lo que tenían los granjeros o la milicia local no era rival para lo que los vikingos llevaban como equipo personal. Si un implemento no lo mataba, un vikingo podía utilizar fácilmente otro para acabarlo.

Una excavación funeraria en Woodstown, Irlanda, nos permite conocer el armamento vikingo de mediados del siglo IX. La tumba era de un guerrero enterrado con todas sus armas. Su arsenal personal incluía una espada, un escudo, una lanza, un hacha y un cuchillo. Estas eran las herramientas esenciales de la guerra.

La espada de un hombre ocupaba un lugar de orgullo. Eran un tesoro, y un hombre pasaba su espada a su hijo, a menos que la espada fuera enterrada con un hombre. Las hojas estaban hechas de hierro, lo que significaba que quien tenía una espada era lo suficientemente rico como para permitirse el gasto de crearla, aunque los vikingos también saqueaban espadas del cuerpo de un enemigo muerto. La espada media

---

[i] Thomsen, M. H. (2023, 10 de agosto). *Instrument navigation in the Viking Age?* Extraído de Vikingeskibs Musket: https://www.vikingeskibsmuseet.dk/en/professions/education/knowledge-of-sailing/instrument-navigation-in-the-viking-age.

aproximadamente noventa centímetros de largo e incluía una espiga de diez centímetros, que quedaba cubierta por la empuñadura.

El proceso de creación de una espada vikinga era casi tan elaborado como el de una espada samurái japonesa. Se soldaban tiras de hierro forjado, se retorcían y se martilleaban para dar forma a la hoja y dotarla de un filo de acero endurecido. Las hojas se afilaban hacia la punta y se forjaba un surco de sangre a lo largo. Las espadas eran de doble filo y se utilizaban para acuchillar. Los vikingos incluso daban nombre a sus espadas. Las sagas nórdicas mencionan espadas llamadas Serpiente de guerra, Víbora, Mata dragones y Hacedora de viudas.

Las lanzas eran estándares. Como las lanzas eran más fáciles de fabricar, a menudo se encuentran en gran número en los enterramientos vikingos. Las lanzas se utilizaban para clavar y arrojar. Las lanzas que se arrojaban tenían cabezas pequeñas, mientras que una cabeza más ancha, en forma de hoja, se utilizaba como arma punzante.

Las hachas tenían mangos largos. Las cabezas de las hachas tenían hojas de ocho a dieciséis centímetros de largo. Estaban elaboradamente decoradas y permitían a los guerreros tener un largo alcance en la batalla. Un experimentado empuñador de hachas era una fuerza letal en el campo de batalla.

Los escudos vikingos tenían casi un metro de ancho con un agujero central para un soporte de hierro. En la cara interior del saliente se fijaba una empuñadura de hierro. Estos círculos protectores estaban decorados con colores brillantes y eran la principal defensa de los vikingos.

Se utilizaban arcos y flechas, pero hasta ahora se han encontrado pocos fragmentos. Una flecha tendría unos quince centímetros de longitud, y los arcos podían utilizarse tanto para cazar como para luchar.

Los cascos no eran cosa de la ópera wagneriana. No, los cascos vikingos no tenían cuernos a los lados. El casco de Gjermundbu, hallado en Noruega, era un gorro de hierro con cuatro radios y tenía un borde con una pesada protección para los ojos y la nariz. Los vikingos utilizaban cota de malla, pero la fabricación de este revestimiento protector era muy costosa. La nobleza y los guerreros de élite probablemente tenían cota de malla, y es probable que algunos vikingos despojaran a los cadáveres de su cota de malla en el campo de batalla.

Las incursiones vikingas en Inglaterra se caracterizaban por su rapidez y el uso de tácticas de sorpresa. En muchos casos, los vikingos atacaban con rapidez, aprovechando el elemento sorpresa para coger desprevenidos a sus enemigos. Utilizaban el barco largo como medio de transporte, atacaban sus objetivos a lo largo de la costa y luego se alejaban navegando antes de que se pudiera oponer resistencia. Sus tácticas eran brutales y a menudo implicaban la masacre de poblaciones enteras.

Quizá la incursión vikinga más famosa fue cuando los vikingos atacaron el monasterio de Lindisfarne en el año 793 de la era cristiana.

Lindisfarne

Los monasterios en la Inglaterra del siglo VII eran lugares donde los hombres se reunían en una sociedad comunal para adorar y alabar al Señor. Eran lugares de extrema piedad, y la gente acudía allí para renunciar al mundo y buscar el camino de la salvación, que era un pensamiento importante en la mente de la mayoría de las personas de la época. La nobleza de la época trataba de bruñir su reputación, dotando a los monjes de propiedades, que los hombres piadosos utilizaban para construir monasterios. El rey Oswaldo de Northumbria hizo esto en el año 635 e. c. cuando dotó a un monje irlandés llamado Aidan con una pequeña isla llamada Lindisfarne.

Esta mancha de tierra en el mar del Norte estaba a seis millas al norte de la capital de Northumbria, Bamburgh. La soledad que los monjes buscaban en Lindisfarne se veía reforzada por la calzada, que la marea cubría dos veces al día, asegurando una sensación de aislamiento, pero también una conexión con tierra firme.

La reputación de Lindisfarne aumentó en la década de 670, cuando un monje llamado Cutberto entró a formar parte de la comunidad. Cutberto fue un santo de la Inglaterra primitiva y se convirtió en obispo de Lindisfarne. Llegó a estar bien relacionado con la corte de Northumbria y en general era querido por todos. Su muerte hizo que Lindisfarne se convirtiera en un lugar de peregrinación, ya que creció un culto en torno a su santidad. Eso trajo cambios dramáticos a la apartada comunidad.

Después de que Lindisfarne se convirtiera en un importante lugar de peregrinación en el noreste de Inglaterra, los peregrinos acudían allí en busca de la ayuda y las bendiciones de san Cutberto. Dejaron tras de sí algo más que buenos deseos; muchos peregrinos hicieron donaciones y dejaron ricos regalos al monasterio y a sus monjes. Lindisfarne se hizo relevante y rica. Sin embargo, no tenía fortificaciones y los monjes seguían llevando una vida sencilla en medio de una gran riqueza. Tenía reputación no solo por su santidad, sino también por sus tesoros. Francamente, Lindisfarne era una paloma esperando a ser desplumada. Y eso fue lo que ocurrió en el año 793[i].

Asalto vikingo

Esta no fue la primera incursión vikinga en Inglaterra. Hubo una incursión menor unos años antes en Wessex, y hay pruebas de una incursión en Kent hacia el año 753 de la era cristiana. Sin embargo, la incursión en Lindisfarne fue mucho más significativa. El monasterio era más que un claustro aislado. Lindisfarne se había convertido en una potencia económica y política en Northumbria. Hasta cuatrocientas personas vivían en la isla, lo que la convertía en una comunidad enorme. El monasterio poseía extensas tierras. Además, los vikingos probablemente tenían una buena idea de lo que Lindisfarne poseía en cuanto a tesoros. Existen pruebas de que los mercaderes procedentes de Escandinavia llevaban años comerciando por la costa de Northumbria en el año 793.

La incursión tuvo lugar el 8 de junio de 793 e. c. La *Crónica anglosajona*, escrita en algún momento a finales del siglo IX, fue sucinta en su descripción: «Las lamentables incursiones de hombres paganos destruyeron la iglesia de Dios en la isla de Lindisfarne mediante feroces robos y matanzas».

Ese relato sería posteriormente elaborado por Simeón de Durham, cuyo relato era un poco más dramático:

> «Ellos [los vikingos] arrasaron y saquearon todo miserablemente. Pisotearon las cosas sagradas bajo sus pies contaminados, derribaron los altares y saquearon todos los tesoros de la iglesia. A algunos de los hermanos los mataron, a otros se los llevaron encadenados, a la mayoría los desnudaron, los insultaron y los echaron a la calle, y a algunos los ahogaron en el mar».

La impactante noticia

Fue la reacción del resto de Europa lo que hizo que el asalto a Lindisfarne fuera tan destacado. La corte de Carlomagno recibió la

---

[i] English Heritage. (2023, 10 de agosto). *Early Christianity in Anglo-Saxon Northumbria*. Extraído de English-heritage.org.uk: https://www.english-heritage.org.uk/visit/places/lindisfarne-priory/History/.

noticia y Alcuino, el principal consejero de Carlomagno, expresó auténtico horror por lo ocurrido.

La incursión de Lindisfarne se considera el inicio de la era vikinga. Aunque el monasterio sobrevivió casi cien años después, todo había cambiado. Toda la costa de Inglaterra estaba expuesta al peligro. Cada monasterio o ciudad indefensa era susceptible de ser víctima de los hombres del norte[i].

Una desagradable sorpresa

El ataque a Lindisfarne probablemente no fue un asalto importante; no atacaron más de cuatro barcos y una fuerza combinada de cien hombres. El factor sorpresa fue lo que dio ventaja a los vikingos. Los historiadores han sugerido que los monjes posiblemente no supieron lo que ocurría hasta que vieron las espadas desenvainadas. Para entonces, ya era demasiado tarde para hacer otra cosa que suplicar clemencia.

Lo que hace más chocante el asalto es que los comerciantes escandinavos llevaban años trabajando en la costa y en el canal de la Mancha. En aquel momento no había forma de identificar un barco mercante de un asaltante vikingo, por lo que nadie podía saber si el barco que se divisaba en el horizonte era un navío vikingo. Todo se reducía a saber en quién se podía confiar frente a las costas de Inglaterra.

Grandes premios

En cualquier caso, los vikingos empezaron a tener como objetivo los ricos monasterios de la costa. Estos monasterios ingleses eran ricos en oro, plata y otros bienes valiosos, y resultaron un objetivo irresistible para los asaltantes. Se produciría un ataque a la abadía benedictina de Jarrow al año siguiente y un asalto a Iona al año siguiente. El asalto a Jarrow fue rechazado, pero no impidió los ataques posteriores al monasterio o a Lindisfarne.

Los monjes que vivían en estos monasterios eran blancos fáciles, ya que no eran guerreros entrenados. No tenían armas ni formación militar. Los vikingos apenas encontraron resistencia en ellos, lo que provocó nuevas incursiones.

---

[i] Marsh, A. (2022, 21 de junio). *In 793 AD, Vikings attacked Lindisfarne. Here's why it was so shocking*. Extraído de National Geographic.co.uk: https://www.nationalgeographic.co.uk/history-and-civilisation/2022/06/in-793ad-vikings-attacked-lindisfarne-heres-why-it-was-so-shocking.

Algo más estaba ocurriendo durante todas estas incursiones. Los marineros vikingos se estaban haciendo una idea de la disposición de la tierra. Se dieron cuenta de las oportunidades agrícolas que había en Inglaterra. Las incursiones no eran solo para obtener botín; eran una oportunidad para hacer una caza de bienes raíces, que resultaría valiosa unas décadas más tarde.

En medio del caos

Los ataques a la costa inglesa podrían haber tenido resultados muy diferentes si se hubiera contado con un frente unificado y una fuerte defensa costera. Por desgracia, para los ingleses, eso no fue posible. Lo que hoy es la Inglaterra moderna estaba dividida en cuatro reinos en el siglo IX: Northumbria, Mercia, Wessex y Anglia Oriental. Cada uno tenía su propio conjunto de leyes y agendas políticas. Una incursión vikinga en Northumbria no significaba nada para Mercia. De hecho, tales incursiones serían deseables porque distraerían a Northumbria de su intento de dominar otros reinos.

Lo mismo ocurriría con los demás reinos. Un ataque a uno no era necesariamente un ataque a todos ellos. Sin embargo, los vikingos no eran una amenaza que fuera a desaparecer. De hecho, a medida que avanzaban los años, el peligro empeoraba significativamente.

En Northumbria existía una seria rivalidad dinástica entre las casas reales de Deira y Bernicia. Creó una considerable disensión en el reino más grande de Inglaterra. Entre 737 y 806, Northumbria tuvo diez reyes. Cinco fueron expulsados, tres asesinados y dos se retiraron para convertirse en monjes. Los asaltos a los monasterios de Northumbria continuaron y, en el año 800, los monasterios de Whitby, Tynemouth y Hartlepool fueron asaltados. Los problemas internos de Northumbria siguieron haciéndola vulnerable a los ataques exteriores.

Sin duda, los comerciantes que hacían negocios en Inglaterra informaron a Escandinavia de los acontecimientos en Northumbria. Podemos pensar en ellos como espías industriales que vieron cómo se desarrollaban oportunidades gracias al caos interior que impedía una fuerte resistencia[i].

Las incursiones vikingas se intensificaron en el siglo IX. Ya no eran pequeños asaltos, sino incursiones a gran escala. La angustia se extendió

---

[i] England's North East. (2023, 10 de agosto). *Northumbria's Downfall*. Extraído de Englandsnortheast.co.uk: https://englandsnortheast.co.uk/northumbria-anarchy/.

a otras partes de la isla. Los vikingos fueron derrotados en 838 y en 851, pero eso no detuvo las incursiones en Anglia Oriental, Kent (que pasó a formar parte de Wessex en 845), Wessex y Northumbria[i].

Solo como recordatorio, algunos de los relatos de los feroces vikingos deben tomarse con cautela. Las historias de horror fueron escritas por monjes que tenían una agenda de venganza. Sus monasterios fueron incendiados y sus hermanos clérigos asesinados o arrastrados a la esclavitud. Es probable que las historias de terror se exageraran deliberadamente para hacer aparecer a los vikingos como hijos de Satanás. Eran marineros rudos y no se podía jugar con ellos, pero lo más probable es que no asaran bebés para cenar.

¡Llegan los daneses!

Los vikingos dejaron de concentrarse en Northumbria y realizaron ataques también en el sur de Inglaterra. Dinamarca se estaba convirtiendo en el punto de partida de cada vez más incursiones.

El saqueo no era la única razón del interés de los vikingos daneses por Inglaterra. La sociedad danesa tenía en gran estima la destreza marcial y la valentía. Un guerrero corriente podía ganar mucho prestigio y honor si regresaba con un botín considerable. Ese hombre podía incluso ser nombrado en una de las sagas y tradiciones orales vikingas, lo que garantizaba que sería recordado mucho después de muerto.

Dinamarca también experimentaba una superpoblación. No había suficiente tierra cultivable y había demasiadas bocas que alimentar. La posibilidad de encontrar grandes extensiones de tierra cultivable hizo que Inglaterra resultara atractiva como lugar para un futuro asentamiento.

La sociedad en Dinamarca estaba llena de feudos y se libraban duelos de honor. La posibilidad de enviar a hombres agresivos que podían ser alborotadores en largos viajes por mar garantizaría que las cosas permanecieran tranquilas en la región mientras ellos estuvieran fuera.

También hay que pensar en el comercio de esclavos como motivo para atacar Inglaterra. La esclavitud formaba parte de la cultura escandinava y las víctimas de una incursión vikinga podían ser llevadas

---

[i] Dorothy Whitlock, W. A. (2023, 10 de agosto). *The Period of the Scandinavian Invasions*. Extraído de Britannica.com: https://www.britannica.com/place/United-Kingdom/The-church-and-the-monastic-revival.

como esclavas. La posibilidad de establecer redes comerciales o apoderarse de las existentes era también una posible razón.

Los daneses se convertirían gradualmente en una fuerza aún más potente en la historia inglesa a medida que avanzaba la era vikinga. No estaban en esta empresa para limitarse a recoger brillantes y joyas.

Invernar en Inglaterra

Las primeras incursiones vikingas eran esencialmente asuntos de coger y huir, pero en 850, la *Crónica anglosajona* tenía una entrada interesante.

> «En este año, el *ealdorman* Ceorl con el contingente de los hombres de Devon luchó contra el ejército pagano en Wicganbeorg, y los ingleses lograron allí una gran matanza y obtuvieron la victoria. Y por primera vez, los hombres paganos permanecieron durante el invierno en Thanet»[i].

Esta vez, los vikingos no corrieron a casa para celebrar o escapar. Estaban invernando en una tierra a la que solo estaban acostumbrados a saquear. El significado de esto es sutil, pero resulta revelador. Los vikingos estaban desarrollando un interés por Inglaterra que iba más allá de obtener un beneficio rápido. Probablemente, estaban empezando a considerar la zona como un posible lugar para establecerse. La emigración a Inglaterra resolvería sin duda el problema de la superpoblación en su país. Muchos vikingos eran agricultores, no asaltantes profesionales.

Puede que el invernar en Inglaterra no hubiera sido por necesidad. Los vikingos que se quedaron allí tuvieron la oportunidad de hacer una exploración muy detallada y recopilar información. La inteligencia que llevaron de vuelta a Escandinavia habría influido en las decisiones de hombres muy poderosos. El resultado de esta estancia se materializaría varios años después, cuando las incursiones se convirtieron en algo más que una visita de saqueo.

Actores principales

La era vikinga proporcionó a la historia un colorido elenco de personajes. Algunas de sus hazañas pueden parecer un poco fantasiosas, pero sus contribuciones individuales son demasiado importantes para

---

[i] History-maps.com. (2023, 10 de agosto). *Viking Invasions of England*. Extraído de History-maps.com: https://history-maps.com/story/Viking-Invasions-of-England

ignorarlas. Presentamos a algunos de los protagonistas más destacados.

Vikingos famosos

- Rollo de Normandía tuvo tanto éxito en sus incursiones en Francia que finalmente se le concedieron tierras en la desembocadura del Sena a cambio de convertirse al cristianismo y prometer no volver a realizar incursiones. La tierra que gobernó se conocería como Normandía.
- Svend Forkbeard fue, en un momento dado, el rey de Inglaterra, Dinamarca y partes de Noruega. Recibirá más atención más adelante en este libro.
- Gunnar Hámundarson fue un jefe islandés conocido por su capacidad de lucha y sus proezas atléticas. Se decía que ¡era capaz de saltar su propia altura!
- Erik el Rojo era otro islandés, y su reclamo a la fama fue descubrir Groenlandia. Erik bautizó deliberadamente la isla para convencer a otros vikingos de que se establecieran allí.
- Leif Eriksson era hijo de Erik el Rojo y fue otro explorador vikingo. Se cree que fue el primer europeo que desembarcó en las costas de América.
- Cnut, también conocido como Canuto, fue el gobernante de un gran imperio vikingo. Recibe una atención individualizada en este libro[i].

Anglosajones famosos

El reino de Wessex produjo los anglosajones más memorables. Recibirán atención más adelante en este libro.

- Alfredo el Grande
- Eduardo el Viejo
- Athelstan

Las incursiones desde Dinamarca fueron especialmente marcadas a partir del año 835 de la era cristiana. Los vikingos daneses tuvieron como objetivo Northumbria, el reino anglosajón más poderoso de la

---

[i] Warriors and Legends.com. (2023, 31 de agosto). *Famous Viking Warriors*. Extraído de Warriorsandlegends.com https://www.warriorsandlegends.com/viking-warriors/famous-viking-warriors/

época. Capturaron York dos veces en 866 y 873 e. c. y establecieron allí su propio reino, conocido como el reino de Jórvík. Este reino estaba gobernado por el famoso guerrero vikingo Guthrum, que luchó contra el rey anglosajón Alfredo el Grande. Al final, sin embargo, Guthrum fue derrotado y obligado a firmar un tratado de paz en 886 e. c., que permitió a los vikingos conservar el control del reino de Jórvík, pero bajo los términos ingleses.

Capítulo dos: Ragnar Lodbrok

La serie *Vikingos de* History Channel presenta a un notorio vikingo llamado Ragnar Lodbrok (también escrito como Ragnar Lothbrok). Según la tradición vikinga, Ragnar era hijo de un héroe, Sigurd Ring, y de su esposa, Álfhildr. Era un hombre de leyenda y se le atribuye haber sido un incursor de gran éxito de Inglaterra y otras partes de Gran Bretaña y quizá incluso de Irlanda. Su historia es una combinación de realidad y ficción.

Las historias orales y las sagas vikingas no siempre son objetivamente correctas. A menudo son relatos muy exagerados de las hazañas de los hombres, a los que se hace parecer casi sobrehumanos. Una de las razones es que los narradores hacían hincapié en la fama y el poder del individuo. Otro problema es que a menudo transcurrieron cientos de años antes de que se registraran los relatos. La principal fuente de información que tenemos sobre Ragnar Lodbrok es el *Ragnarssona pattr* (el *Cuento de los hijos de Ragnar*). Otros lugares donde se menciona a Ragnar son la *Gesta Danorum* (*Hechos de los daneses*), un documento danés razonablemente preciso, y la *Crónica anglosajona*.

Se ha sugerido que los relatos sobre Ragnar fueron exagerados deliberadamente para hacerlo parecer una amenaza más importante de lo que realmente era. La intención era hacerlo parecer tan feroz y aterrador que la sola mención de su nombre pudiera sembrar el miedo entre sus enemigos[i].

---

[i] Irvine, A. (2022, diciembre). *10 Facts About Viking Warrior Ragnar Lodbrok*. Extraído de

Su historial de incursiones

Vikingos sugiere que Ragnar dirigió el asalto a Lindisfarne en el siglo VIII. Esto no es cierto porque Ragnar aún no había nacido cuando se produjo el ataque.

Ragnar tenía fama de ser un gran guerrero y se hizo rico gracias a sus incursiones en territorios vulnerables. Fuentes islandesas que han sido verificadas en cierta medida por los anglosajones hablan de un feroz vikingo llamado Ragnall que aterrorizó el noreste de Inglaterra. Podría haber sido Ragnar[i].

La tradición vikinga implica que Ragnar atacó París alrededor del año 845. Se supone que comandaba una flota de 120 barcos vikingos, lo que significa que fue en pos de París con seis mil hombres. Eso era un ejército considerable en aquellos tiempos.

Una representación del siglo XIX de vikingos atacando París[ii]

Historyhit.com: https://www.historyhit.com/facts-about-viking-ragnar-lodbrok/.

[i] The Ministry of History. (2020, 5 de mayo). *Ragnar Lothbrok*. Extraído de Theministryofhistory.co.uk: https://www.theministryofhistory.co.uk/historical-biographies/ragnarlothbrok.

¿Pero era remotamente posible que Ragnar pudiera hacer esto? Sí. También hubo un ataque posterior a París que tuvo lugar en 885. Esta fue la incursión vikinga más importante contra la ciudad. La estimación inicial es que la fuerza vikinga tenía de trescientos a setecientos barcos, con entre treinta mil y cuarenta mil hombres. Esa estimación es una gran exageración. El historiador John Norris estima que la fuerza vikinga era de unos trescientos barcos, lo que significa que el ejército vikingo era de aproximadamente quince mil hombres. Eso sigue siendo un ejército significativo en el siglo IX.

Hay que tener en cuenta que este tipo de ataque fue posible gracias a los barcos largos. Su poco calado les permitía remontar el río en lugar de desembarcar fuerzas en la orilla del mar. La visión de la armada vikinga dirigiéndose al corazón de Francia debió aterrorizar a todos los que la vieron.

El ataque de 885 no tuvo éxito. Aunque los franceses lograron bloquear el paso de los barcos vikingos por el Sena, los asaltantes no se amilanaron. Los vikingos pudieron retirarse arrastrando sus barcos por tierra hasta el Marne. Antes de hacerlo, los vikingos llevaron a cabo una incursión en Borgoña, que se encuentra aún más al interior. La capacidad de los vikingos para atacar objetivos que se encontraban a una distancia considerable de la costa hizo que la gente los temiera mucho.

Cuenta la leyenda que Carlos el Gordo pagó un cuantioso soborno a Ragnar para que se marchara. Ragnar aceptó encantado el dinero. El mero hecho de atacar París le daba un prestigio significativo en el mundo vikingo. Además, había otros objetivos ricos con defensas más débiles. Saxo Grammaticus, un historiador danés que vivió entre 1160 y 1220 aproximadamente, nos cuenta que Ragnar asaltó Irlanda en 851 y continuó sus incursiones a lo largo de la costa irlandesa y el noroeste de Inglaterra[i].

Tácticas de incursión vikingas

Ragnar utilizaba la táctica del relámpago para vencer a sus víctimas. Desmoralizaba y abrumaba a su oponente antes de que pudiera reunir fuerzas suficientes para oponer resistencia eficazmente. Ragnar era

---

[i] Butler, J. (2023, 29 de agosto). *The Real Ragnar Lothbrok*. Extraído de Histori-uk.com: https://www.historic-uk.com/HistoryUK/HistoryofEngland/Ragnar-Lothbrok/#:~:text=This%20may%20well%20have%20been,settlement%20not%20ffar%20from%20Dublin.

también un general prudente. Luchaba cuando las probabilidades estaban a su favor y no corría riesgos innecesarios.

La estrategia militar vikinga era muy flexible. Todo dependía de las circunstancias a las que se enfrentaban cuando bajaban del barco. Estos hombres iban en busca de botín y querían sobrevivir al asalto. Los vikingos estaban bastante dispuestos a tender emboscadas o realizar ataques furtivos si ello les ayudaba a conseguir su objetivo.

Una táctica de batalla muy eficaz que empleaban los vikingos era el «hocico de jabalí». Su objetivo era romper la línea de batalla de un enemigo. Se formaba una cuña de guerreros que atacaba una parte de la línea enemiga con la intención de romper la defensa. Una vez rota la línea, los vikingos aprovechaban el caos resultante[i].

El éxito de Ragnar procedía de una sociedad que alimentaba el espíritu guerrero. Los vikingos eran hombres que aprendieron a luchar pronto y tenían un espíritu de cohesión que fomentaba la acción en grupo. Convertirse en vikingo no sucedía en unas semanas de entrenamiento básico. Era un estilo de vida que nacía en la infancia.

La formación de un vikingo

Ragnar tuvo varios hijos. Tres de ellos, Halfdan, Ivar (conocido como Ivar el Deshuesado) y Ubbe, desempeñarían papeles importantes en un asalto vikingo masivo que tuvo lugar a finales del siglo IX. Es probable que los hijos de Ragnar estuvieran preparados para una vida que sería en parte trabajo doméstico y acción violenta desde que eran niños.

Cuando decimos trabajo doméstico, nos referimos a la agricultura y la artesanía. Los vikingos eran asaltantes, pero los vikingos solo solían asaltar durante una temporada. Después volvían a casa para dedicarse a la agricultura y la artesanía. Un niño necesitaba aprender a destacar en una ocupación y ser un hábil guerrero.

La historia nos ofrece relatos detallados de cómo los espartanos entrenaban a sus muchachos para convertirlos en luchadores excepcionales. No disponemos de un manual de entrenamiento vikingo, pero podemos suponer que los muchachos aprendían lo que debían hacer trabajando con sus padres y sus familias extensas. Tíos, abuelos y hermanos mayores serían importantes maestros y mentores. Los

---

[i] Curry, A. (2017). *How to Fight Like a Viking*. Extraído de Nationalgeographic.com:
https://www.nationalgeographic.com/history/article/vikings-fight-warfare-battle-weapons

historiadores creen que la lucha siempre formó parte del entrenamiento de un muchacho. Si un chico se peleaba con otro por una disputa tonta, no se lo castigaba severamente a menos que se produjera un daño físico grave[i].

Las sagas vikingas mencionan que los niños eran entrenados para la guerra. El poema *Rigsthula* describe la educación de un niño que podía domar caballos, dar forma a escudos, fabricar flechas y blandir lanzas. Es posible que los niños pequeños aprendieran a jugar con espadas de madera. Existen pruebas de que los niños recibían armas reales que se adaptaban al tamaño del niño. Arqueólogos de Noruega han encontrado un hacha y una espada en la tumba de un menor.

La lucha era un deporte popular en la cultura vikinga y enseñaba habilidades prácticas para la guerra, como la velocidad y la agilidad. Las peleas de bolas de nieve eran oportunidades para construir fuertes de nieve y practicar diferentes habilidades de lanzamiento. A los niños se les permitía jugar de forma brusca, pero no se les permitía hacer daño a nadie. Romper las reglas en los juegos salvajes y alborotadores, cometiendo lo que se llamaba un *nio*, era una infracción juvenil grave. (No hay pruebas suficientes para saber si a las niñas se les enseñaba a pelear, pero es una posibilidad).

La cultura vikinga valoraba el honor por encima de otras cualidades. Desde el principio se inculcaba a los niños un código de honor. La valentía era una virtud esperada que cada muchacho debía tener, porque solo a un guerrero valiente se le permitiría entrar en el Valhalla.

Una parte sombría del entrenamiento era la propia batalla. Las sagas mencionan casos en los que un niño de tan solo nueve años mató a un hombre. Puede que sean exageraciones, pero el entendimiento en las comunidades vikingas era muy claro. Un joven debía estar preparado para entrar en combate por honor o por pillaje. No había una edad mínima para el combate.

Los vikingos como luchadores

Ragnar no salía de marcha con una banda de aficionados. Su tripulación estaba formada por hombres de mentalidad militar que sabían lo que hacían. Todos los relatos sobre los vikingos de las sagas y

---

[i] Legends and Chronicles. (2023, 20 de agosto). *Viking Children*. Extraído de legendsandchronicles.com: https://www.legendsandchronicles.com/ancient-civilizations/the-vikings/viking-children/.

los escritos de los monjes indican que estos hombres eran quizá los mejores combatientes de la Edad Media. Contaban con naves superiores y armas excelentes, y se los entrenaba desde la infancia para ser combatientes. Algunas cualidades únicas de los vikingos los hacían casi invencibles.

- Espíritu de cuerpo

La moral es esencial para cualquier fuerza de combate, y los vikingos que realizaban incursiones tenían altos niveles de confianza. Una razón importante para este *esprit de corps*, además de luchar por el honor y el botín, era la forma en que estaban compuestas las tripulaciones. Las tripulaciones de los barcos se formaban con los hombres que procedían de la misma aldea o zona local. Se conocían de nacimiento y a menudo eran parientes o amigos íntimos. Una expedición de incursión podía estar en el mar durante semanas para ir y volver de sus destinos. Los hombres llegaron a conocerse y desarrollaron fuertes conexiones.

La noción de una banda de hermanos de escudo era fundamental en un enfrentamiento militar. Nadie quería parecer un cobarde delante de sus vecinos o parientes. Huir de una batalla traería la vergüenza a una persona, y esa deshonra duraría toda la vida. Al igual que los legendarios trescientos espartanos, los vikingos permanecerían unidos y lucharían hasta el último hombre si fuera necesario. Las pruebas obtenidas en excavaciones de enterramientos muestran grupos de vikingos enterrados juntos. Es probable que todos cayeran luchando para defenderse mutuamente.

- *Berserkers*

Los *berserkers* son personajes importantes en las historias de los hombres del norte. Al parecer, eran hombres salvajes, medio locos, que atacaban sin preocuparse por el daño corporal y luchaban hasta vencer o morir. Eran los guerreros locos de Escandinavia. Esa es la mitología que hay detrás de ellos. Los historiadores tienen que ir un poco más allá de los cuentos fantasiosos para descubrir la verdad que se esconde tras estas fuerzas de choque.

Tradicionalmente, los *berserkers* se preparaban para la lucha. Permitían que la rabia se apoderara de ellos y sus cuerpos se convulsionaban con descargas de adrenalina. Los gruñidos indicaban que estaban listos para la batalla. Sin embargo, esto podría no haber sido inducido de forma natural.

Una teoría dice que se emborrachaban antes de luchar. Podía ser la bebida tradicional de hidromiel o una que tuviera algunas hierbas especiales mezcladas en la bebida. Algunos estudiosos también creen que un *berserker* se drogaba con setas alucinógenas. La combinación de los ingredientes de la seta con un estado de ira ya elevado empujaría al *berserker* a una furia incontrolable. Hay setas en Escandinavia que sí tienen atributos alucinógenos.

Las historias solo embellecen la imagen de estos combatientes. Se dice que iban a la batalla vestidos con pieles de lobo. También podrían haber entrado en conflicto desnudos o sin armadura. Eso podía convertirlos en personas peligrosas, ya que disponían de una libertad de movimientos aún mayor.

Uno de los retos a la hora de saber más sobre los *berserker* es que hay muy pocas pruebas físicas de ellos. No obstante, el rumor de que había *berserkers* en las filas de la fuerza vikinga bastaría para aterrorizar a cualquier adversario[i].

Partidas de asalto vikingas

¿Por qué la gente temía tanto a Ragnar y a los demás vikingos? Se podía hacer frente al ataque de un barco largo vikingo. Una leva de la milicia local podía vencer fácilmente a veinte o treinta personas de un barco. Había algo más en las partidas de incursión que infundía terror en los corazones de la gente de Inglaterra.

Para empezar, ser atacado por un solo barco largo dragón no era el método estándar de operación. El profesor Kenneth Harrell ha calculado que una típica partida de incursión procedente de Escandinavia habría llegado a contar con diez o veinte naves. Si hacemos cuentas y calculamos el número de naves por una tripulación de cincuenta o sesenta guerreros armados, esa partida de incursión crece hasta 500 o 1.200 hombres probados en combate.

El tamaño de estas incursiones creció con el tiempo. Las incursiones vikingas de principios del siglo IX podrían haber visto hasta mil guerreros en veinte barcos. Ese número se ampliaría a principios del siglo X hasta alcanzar los cien barcos y una fuerza de cinco mil a doce mil guerreros. Eso no es un simple grupo de asalto; ¡es una fuerza de

---

[i] Warriors & Legends. (2023, 20 de agosto). *Viking Warrior Raids*. Extraído de Warriorsandlegends.com: https://www.warriorsandlegends.com/viking-warriors/viking-warrior-raids/.

invasión!

Se calcula que el tamaño de las partidas de incursión vikingas pasó de tres barcos a principios del siglo IX a treinta o más barcos hacia 850. Esto significaría que en los primeros tiempos de la era vikinga, la partida de asalto no tendría más de 150 guerreros. El tamaño de la fuerza de ataque sería de treinta barcos o más a mediados de siglo, y eso significa una fuerza invasora de 850 a 1500 hombres de armas. A finales del siglo IX, una fuerza de cinco mil hombres llegaría en cientos de barcos[i].

Los reinos ingleses se pusieron a la defensiva a causa de Ragnar y otros vikingos. Las tácticas de ataque y huida de los nórdicos eran difíciles de contrarrestar porque eran repentinas y rápidas; los vikingos a menudo desaparecían antes de que una fuerza de socorro pudiera aparecer en escena.

La situación tanto en Inglaterra como en Irlanda se describe mejor con una antífona eclesiástica de la época: «Nuestra suprema y santa Gracia, protegiéndonos a nosotros y a los nuestros, líbranos, Dios, de la salvaje raza de norteños que asola nuestros reinos»[ii].

La muerte de Ragnar fue adecuadamente horrible. La *Gesta Danorum* registra que el rey Aella de Northumbria acabó capturándolo. Pensaríamos que un vikingo como Ragnar sería ahorcado o decapitado, pero hubo un poco de teatro en la forma en que se acabó con él. El rey hizo que arrojaran a su prisionero a un pozo de serpientes venenosas.

Al parecer, Ragnar se tomó su muerte con calma e hizo un comentario siniestro antes de perecer: «Cómo gruñirían los cerditos si supieran cómo sufre el viejo jabalí».

Ragnar se refería a sus hijos y a la venganza que tomarían contra sus asesinos cuando supieran lo que le había ocurrido.

Sus hijos se vengarían de la muerte de su padre. Estos tres guerreros navegarían hacia Inglaterra con una fuerza considerable de vikingos daneses. Sin embargo, este no iba a ser un grupo de incursión a gran

---

[i] Ulvog, J. (2017, 8 de noviembre). *Size of Viking raiding parties*. Extraído de Ancientfinances.com: https://ancientfinances.com/2017/11/08/size-of-viking-raiding-parties/#:~:text=En%20Los%20Vikingos%20cursaron%20desde,500%20hasta%201%2C200%20guerreros.

[ii] The Viking Answer Lady. (2023, 29 de agosto). *Origin of the phrase, "A furore Normannorum libera nos, Domine"*. Extraído de The Viking Answer Lady:http://www.vikinganswerlady.com/vikfury.shtml.

escala. Por el contrario, se trataba de una fuerza de invasión que Inglaterra nunca había visto antes. Los daneses no llegaban a quemar un monasterio ni a saquear una aldea. Su intención era quedarse, y el ejército liderado por los hijos de Ragnar era la colección de hombres más peligrosa que Inglaterra había visto en cientos de años.

Capítulo tres: El gran ejército pagano

Los anglosajones deberían haber sabido que algo se tramaba. En 850, los vikingos estaban invernando en Inglaterra. Además, se estaban produciendo actividades vikingas a gran escala. La *Crónica anglosajona* menciona que 350 barcos vikingos navegaron hasta la desembocadura del Támesis y atacaron Londres. Los vikingos pusieron en fuga al rey mercio y luego se adentraron en Surrey. Al parecer, los hombres del norte no se contentaban con hacer incursiones a lo largo de la costa. Empezaban a adentrarse en el interior.

Los vikingos también estaban encontrando una resistencia más dura que la que habían visto en el pasado. En 851, Ethelwulfo libró una batalla con los vikingos en Aclea y los derrotó. Otra victoria británica se produjo en Sandwich en 851, cuando el rey Athelstan se enfrentó a una flota vikinga y la derrotó. Las condiciones que habían hecho que las incursiones vikingas tuvieran tanto éxito en el pasado empezaban a desaparecer. Había llegado el momento de que los vikingos utilizaran una nueva táctica, una que les hiciera correr mayores riesgos, pero que también les generara sustanciosas recompensas.

Los incursores y comerciantes vikingos llevaban constantemente información a Escandinavia. Todavía había problemas internos en Northumbria, y las disputas internas entre los reinos estaban desviando la atención de hacer frente a amenazas mayores. Además, los reinos ingleses se estaban acostumbrando a pagar a los vikingos. El tributo, que era un soborno más que otra cosa, parecía estar teniendo un efecto positivo, haciendo de las incursiones vikingas una amenaza manejable.

Un asalto coordinado contra Inglaterra podría producir ganancias sustanciales. Se necesitaría una fuerza importante para golpear la isla británica y una campaña militar que tuviera objetivos tangibles. Este ataque repentino desequilibraría a los reinos anglosajones y permitiría a los incursores vikingos penetrar profundamente en el campo.

La idea del Gran ejército pagano se originó probablemente en uno de los salones de bebidas de Dinamarca. Sería un esfuerzo sostenido para asolar Inglaterra.

Orígenes del Gran ejército pagano

La historia de esta fuerza militar es compleja y existen relatos contradictorios. Parece que el deseo de vengar la muerte de Ragnar fue la razón principal para la formación del ejército.

El Gran ejército pagano era una coalición de vikingos de toda Escandinavia. Se estima que el tamaño del ejército era de entre mil y tres mil hombres.

La fuerza tenía un gran estandarte bajo el que luchaban. Se llamaba *hrafnsmerki*, y representaba un cuervo volando hacia arriba.

Los historiadores coinciden en que el objetivo final de esta fuerza era la dominación de Inglaterra. Es cierto que seguían buscando botín, pero Inglaterra era ahora algo más que un objetivo de incursión. Los vikingos buscaban apoderarse de tierras además de tesoros. Consideraban Inglaterra como un posible lugar para trasladar familias, establecerse y crear una sociedad con sabor nórdico. Cada uno de los principales reinos de la isla sentiría la furia de esta fuerza[i].

Los líderes vikingos

Ragnar Lodbrok tuvo tres hijos que se convertirían en los líderes del Gran ejército pagano.

- Halfdan Ragnarsson

Halfdan aparece mencionado en las sagas nórdicas como uno de los seis hijos de Ragnar Lodbrok. Fue líder del Gran ejército pagano y se

---

[i] Kruljac, I. (2022, 20 de agosto). *The Great Heathen Army: What was it, and how did it unite the Vikings?* Retrieved from Thevikingherald.com: https://thevikingherald.com/article/the-great-heathen-army-what-was-it-and-how-did-it-unite-the-vikings/76.

cree que fue el primer rey vikingo de Northumbria. Cuando el Gran ejército pagano se dividió, Halfdan dirigió la mitad del ejército hacia el norte de Northumbria y en los ataques a Irlanda. También dirigió a su grupo contra los pictos de Escocia y el reino escocés de Strathclyde. Se dice que Halfdan murió en la batalla de Strangford Lough cuando intentaba hacer valer su derecho a ser rey de Dublín.

La principal fuente histórica de Halfdan son los *Anales del Ulster*. Las monedas acuñadas en Londres en 872 y 873 llevan estampado su nombre e identifican a Halfdan como líder del Gran ejército pagano.

- Ivar el Deshuesado

El nombre de Ivar es bastante singular. Algunos dicen que fue el resultado de una maldición. Podría haber sido una condición genética o posiblemente una mala traducción de un texto anterior. No conocemos la historia completa de por qué se lo llamó el «Deshuesado». Puede que ni siquiera fuera una condición física en absoluto. Sabemos que Ivar fue un jefe vikingo muy activo, y que era conocido por sus devastadoras incursiones. También era partidario de castigos brutales, incluido el águila de sangre, para cualquiera que se cruzara en su camino.

Algunas historias afirman que Ivar era un *berserker* que se dejaba llevar por la sed de sangre. En general se cree que era muy astuto e inteligente. También se lo consideraba un táctico muy hábil. Aunque participó en la invasión de Inglaterra por el Gran ejército pagano, Ivar es conocido por sus expediciones posteriores en Irlanda[i].

- Ubbe

Los eruditos son los que menos saben de Ubbe. Se lo menciona en la *Passio sancti Eadmundi* como el hombre que mató al rey Edmundo de Anglia Oriental. También se lo acusa de haber matado a una abadesa, Aebbe[ii].

Los hijos de Ragnar se enfurecieron cuando se enteraron de que su padre había sido asesinado. Atacaron Northumbria y capturaron al rey

---

[i] Sky History. (2023, 20 de agosto). *11 Facts About Fearsome Viking "Ivar the Boneless"*. Extraído de History.co.uk: https://www.history.co.uk/articles/11-facts-about-fearsome-viking-ivar-the-boneless

[ii] Williamson, J. (2022, 20 de agosto). *Who was Ubba Ragnarsson, the Viking commander of the Great Heathen Army?* Extraído de Thevikingherald.com:
https://thevikingherald.com/article/who-was-ubba-ragnarsson-the-viking-commander-of-the-great-heathen-army/194

de Northumbria, Aella. Para vengar a su padre, torturaron a su prisionero y utilizaron el método del águila de sangre para acabar con él. (El método del águila de sangre requería abrir la espalda de la víctima y arrancarle las costillas y los pulmones por detrás). Los académicos no están seguros de que esto ocurriera realmente, pero constituye una historia asombrosa e indica lo salvajes que podían llegar a ser los vikingos cuando buscaban venganza[i].

El asalto inicial

El Gran ejército pagano avanzó en 865. Ya tenían un campamento de invierno en Thanet, y desde allí se trasladaron a Anglia Oriental. La *Crónica anglosajona* registra el ataque inicial.

> «Este año se sentó el ejército pagano en la isla de Thanet, e hizo la paz con los hombres de Kent, que prometieron dinero con ello; pero bajo la seguridad de la paz y la promesa de dinero, el ejército en la noche robó el territorio e invadió todo Kent hacia el este».

Hay un elemento de traición en esto. A los vikingos se les prometió el *danegeld*, que era la forma habitual de resolver el problema, pero los asaltantes no se conformarían solo con eso. Sin que los anglios orientales lo supieran, los daneses tenían en mente objetivos mayores, y unas cuantas arcas de oro no serían suficientes.

Rey Edmundo

La historia ha sido bastante amable con Edmundo, rey de Anglia Oriental. Se lo retrata como un hombre piadoso que no se dejaba conmover por los halagos. Más tarde sería canonizado y fue uno de los santos patrones originales de Inglaterra.

Parece que el rey Edmundo creía que el tributo sacaría a los vikingos de su reino y les permitiría ir a otro lugar a hacer sus travesuras. Se cuenta que dio al Gran ejército pagano algo que deseaban más que el oro: caballos.

Dados los objetivos de los vikingos, tiene mucho sentido que quisieran caballos más que monedas de oro. Un ejército que marcha a pie tarda tiempo en llegar de un lugar a otro. Marchar a través de un territorio da a los ocupantes tiempo suficiente para reunir fuerzas y contraatacar. Los caballos permiten la velocidad. Pueden cubrir terreno

---

[i] Sky History. (2023, August 20). *11 Facts About Fearsome Viking "Ivar the Boneless"*.

más rápidamente y aumentar el elemento sorpresa.

Posiblemente Edmundo pensó que, si entregaba los caballos a los vikingos, se irían trotando a molestar a otra persona. Sin duda pensó que, si los sacaba de Anglia Oriental, se acabarían sus problemas. El tiempo demostraría que Edmundo cometió un horrible error y que lo pagaría caro. Los vikingos tenían las monturas que necesitaban para pasar al siguiente objetivo[i].

Invasión de Northumbria

Los vikingos sabían que la guerra civil en Northumbria había debilitado la capacidad del reino para resistir cualquier incursión. Además, había una cuenta pendiente con cierto rey.

El Gran ejército pagano invernó en Thetford y, en 866, realizó un ambicioso avance a través del río Humber hacia Northumbria. El destino era la ciudad de York. Esta era una ciudad próspera y un premio que valía la pena tomar. La *Crónica anglosajona* recoge lo que hicieron los daneses:

> «El ejército se dirigió desde Anglia Oriental por la desembocadura del Humber hacia Northumbria, hasta York. Hubo una inmensa matanza de los lugareños, unos dentro y otros fuera; y ambos reyes fueron asesinados en el acto. Los supervivientes hicieron las paces con el ejército».

A pesar de las defensas de sus murallas romanas, York cayó en manos de Ivar el Deshuesado en 866, y el nombre de la ciudad pasó a ser Jórvík.

Aunque han pasado más de mil años desde que los vikingos estuvieron en la zona, existen recuerdos de los hombres del norte en la ciudad. El más conocido es el sufijo «gate», que se da a muchas calles de la actual York. Procede de la palabra vikinga *gata*, que significa «calle»[ii].

Los habitantes de Northumbria se recuperaron e hicieron un intento de retomar York. Desgraciadamente, fracasaron estrepitosamente. El 23 de marzo de 867, el conde Osberht, pretendiente al trono, fue

---

[i] Bishop, C. (2021, 18 de marzo). *Horses in battle at the time of Alfred the Great*. Extraído de Historiamag.com: https://www.historiamag.com/horses-in-battle-at-the-time-of-alfred-the-great/#:~:text=King%20Edmund%20of%20East%20Anglia,of%20the%20horses%20they%20need

[ii] Britain Express. (2023, 20 de agosto). *Viking York*. Extraído de Britainexpress.com: https://www.britainexpress.com/cities/york/viking.htm

asesinado, y el rey Aella fue capturado y supuestamente torturado hasta la muerte. Los dos principales líderes de Northumbria habían sido asesinados. Los vikingos instalaron a un nuevo rey, Egberto, como soberano. Era una marioneta, y su única función era mantener el fuerte y recaudar impuestos para los vikingos, que ahora buscaban otro premio que saquear.

El turno de Mercia

Las rutas que siguió el Gran ejército pagano[3]

Un mapa del avance del Gran ejército pagano muestra que los vikingos atravesaron Mercia para llegar a York. Parece extraño que los mercios no montaran una feroz resistencia en ese momento, pero es posible que tuvieran la idea errónea de que lo único que iban a hacer los vikingos era asaltar Northumbria y volver a casa. Una vez más, un reino anglosajón cometió un terrible error. La *Crónica anglosajona* continuó su relato de lo que estaba haciendo el Gran ejército pagano. El relato comienza con el acuartelamiento invernal de 867/68.

> «Este año el mismo ejército entró en Mercia hasta Nottingham, y allí fijó sus cuarteles de invierno; y Burhred [Burgred], rey de los mercios, con su consejo, rogó a Etelredo [Etelredo], rey de los sajones occidentales, y a Alfredo, su hermano, que les ayudaran a luchar contra el ejército. Y se adentraron con el ejército sajón de Occidente en Mercia hasta Nottingham y allí, encontrándose con el ejército en campaña, los asediaron por dentro. Pero no hubo lucha dura, pues los mercios hicieron las paces con el ejército».

Para dar un poco de contexto a la *Crónica anglosajona*, el Gran ejército pagano estableció su cuartel de invierno en Nottingham, y Mercia se encontraba en un dilema. Este fue el momento en que uno de los reyes británicos entró en razón sobre la amenaza vikinga. Burgred, el rey de Mercia, sabía que tenía que conseguir ayuda para expulsar a los invasores. Pidió ayuda a Etelredo. La *Crónica anglosajona se* refiere a él como el rey de los sajones occidentales, lo que significa que procedían de Wessex, el reino anglosajón que ocupaba la mayor parte del sur de Inglaterra. Wessex accedió a ayudar a Mercia, y una fuerza aliada marchó hacia el norte para retomar Nottingham.

La ciudad estaba sitiada y los vikingos superados en número. En este punto, la incapacidad de los anglosajones para comprender plenamente los objetivos de su enemigo dificultó su resistencia. Burgred negoció un tratado de paz con los vikingos. Se permitió a los daneses conservar Nottingham a cambio de dejar en paz el resto de Mercia. Fue un error garrafal que tuvo terribles consecuencias más adelante[i].

De vuelta a Anglia Oriental

El Gran ejército pagano no era una sola unidad militar. Había varias fuerzas, cada una bajo el mando de uno de los hijos de Ragnar. La paz se estableció en Mercia, y los vikingos buscaron otro lugar donde atacar. Fijaron sus ojos en Anglia Oriental.

---

[i] English Monarchs. (2023, 20 de agosto). *The Danelaw*. Extraído de Englishmonarchs.com: https://www.englishmonarchs.co.uk/vikings_11.html.

Fue entonces cuando quedó claro que Edmundo había cometido un terrible error de juicio unos años antes. Consiguió asegurar la paz para su reino, pero solo durante un breve periodo de tiempo. Un soberano más prudente habría reconocido que la alianza entre Mercia y Wessex significaba que los vikingos eran algo más que un grupo de asaltantes y piratas.

Desgraciadamente, Edmundo subestimó a su enemigo, y la *Crónica anglosajona* relata lo sucedido en Anglia Oriental en 869:

> «Este año el ejército cabalgó sobre Mercia hacia Anglia Oriental, y allí fijó su cuartel de invierno en Thetford. Y en el invierno el rey Edmundo luchó con ellos; pero los daneses obtuvieron la victoria y mataron al rey; después invadieron toda aquella tierra y destruyeron todos los monasterios a los que llegaron. Los nombres de los líderes que mataron al rey eran Hingwar y Hubba»[i].

Edmundo tuvo una muerte cruel, pero debemos ser objetivos sobre los hechos en este asunto. Anglia Oriental fue derrotada en batalla y Edmundo fue capturado. Ivar el Deshuesado ofreció a Edmundo vivir si renunciaba a su fe cristiana. Como cristiano devoto que era, Edmundo se negó. El líder vikingo ordenó entonces que Edmundo fuera atado a un árbol. El rey de Anglia Oriental fue golpeado primero con garrotes y luego azotado. Se cree que Edmundo siguió invocando el nombre de Jesucristo durante toda esta tortura. Ivar se exasperó por la muestra de devoción y permitió que sus tropas utilizaran a Edmundo como blanco de tiro. La historia cuenta que el cuerpo de Edmundo parecía el de un puercoespín una vez terminadas las prácticas de tiro. Entonces le cortaron la cabeza[ii].

Edmundo se convirtió en san Edmundo y se desarrolló un culto de devoción al mártir. Representó una feroz resistencia cristiana frente a los paganos vikingos, y fue venerado hasta el siglo XVI. Sin embargo, hay que ver a este hombre con ojos críticos. Edmundo proporcionó a los

---

[i] Medieval Archives. (2020, 20 de noviembre). *King Edmundo the Martyr Killed by the Great Heathen Army*. Extraído de Medievalarchives.com:
https://medievalarchives.com/2020/11/20/king-Edmundo-the-martyr-killed-by-the-great-heathen-army/

[ii] New Advent. (2023, 20 de agosto). *St. Edmundo the Martyr*. Extraído de Newadvent.org:
https://www.newadvent.org/cathen/05295a.htm

vikingos los caballos que necesitaban para avanzar rápidamente hacia el centro de Inglaterra. Parece que estaba más preocupado por sacar a los merodeadores de Anglia Oriental y no se dio cuenta de cuáles serían las consecuencias a largo plazo de su decisión. Pagó un precio terrible por su error, pero no fue el único monarca que tomó una mala decisión al enfrentarse a los vikingos. En última instancia, solo uno de los reyes de Inglaterra tuvo una evaluación justa del peligro, y fue él quien derrotaría al Gran ejército pagano.

Los vikingos se encontraron con un éxito tras otro en cinco años. Northumbria se convirtió en un estado títere, Mercia pagó el *danegeld* para mantener la paz y Anglia Oriental quedó devastada. Los inmigrantes nórdicos empezaban a asentarse en las zonas que el Gran ejército pagano había subyugado.

Ivar el Deshuesado se tomó un tiempo libre de las incursiones inglesas. Se asoció con Olaf el Blanco, un rey nórdico de Irlanda, y juntos asaltaron Escocia y saquearon Dumbarton[1].

Mirando al sur hacia Wessex

A los vikingos solo les quedaba un reino por subyugar, y era Wessex. La moral del Gran ejército pagano era sin duda muy alta, pero podía haber adquirido un exceso de confianza.

Wessex era uno de los siete grandes reinos anglosajones de la Heptarquía (Anglia Oriental, Mercia, Northumbria, Wessex, Sussex, Essex y Kent). Wessex acabaría absorbiendo a Sussex y se convertiría en la principal potencia del sur y suroeste de Inglaterra.

Demostraría ser un hueso duro de roer, y sus gobernantes no eran de los que se rendían fácilmente. Las campañas en el sur serían muy diferentes.

Wessex fue bendecida con ventajas de las que carecían sus vecinos. Tenía una economía fuerte centrada en la agricultura, con algo de minería de estaño en la mezcla. A diferencia de la Northumbria de la época, Wessex no estaba atormentada por guerras civiles internas ni por disputas aristocráticas. Además, a diferencia de Anglia Oriental, no estaba gobernada por una persona excesivamente piadosa que no pudiera ver el peligro potencial. La economía de Wessex y una clase

---

[1] Lewis, R. (2023, 20 de agosto). *Ivar the Boneless*. Extraído de Brittanica.com: https://www.britannica.com/biography/Ivar-the-Boneless

dirigente estable dieron al sur de Inglaterra una mejor oportunidad de hacer frente al Gran ejército pagano.

El rey de Wessex en aquella época era Etelredo. Era hijo de Ethelwulfo y se convirtió en rey en 865, cuando solo tenía unos veinte años, tras la muerte de su hermano mayor, Ethelberto. El nuevo rey tuvo que hacer frente al Gran ejército pagano y a la grave amenaza que se cernía sobre su reino.

Etelredo no se dejó intimidar por los vikingos y no estaba dispuesto a pagar un soborno a los invasores. Se alió con los mercios y ayudó a su vecino a intentar retomar Nottingham. Ese esfuerzo fracasó y los mercios se vieron obligados a pedir la paz. Sin embargo, Etelredo no se dejó intimidar. Estaba dispuesto a seguir resistiendo al Gran ejército pagano a pesar de tener que hacerlo solo.

La invasión de Wessex

Los vikingos decidieron que Wessex sería su próxima víctima y lanzaron un asalto contra ese reino a finales de 870. Etelredo y su hermano Alfredo fueron derrotados en Reading, pero pocos días después obtuvieron una victoria en la batalla de Ashdown. Los sajones occidentales perdieron en Basing y Meretun, pero Etelredo aún tenía un ejército en campaña. Iba a necesitarlo en breve.

Una ilustración de Etelredo[4]

Los vikingos recibieron refuerzos del Gran ejército de verano, comandado por Guthrum, que era sobrino del rey danés. Estas tropas llegaron en abril de 871 y se unieron al resto de los vikingos en Reading. Etelredo murió poco después de la Pascua de 871 y le sucedió su hermano menor Alfredo. La historia de Alfredo y el Gran ejército pagano se tratará con más detalle en los capítulos siguientes. Baste decir por ahora que Alfredo se enfrentaba a un enorme obstáculo.

El Gran ejército pagano trastornó totalmente cualquier sentido del orden en Inglaterra. Tres de los cuatro reinos quedaron devastados y el daño causado a la economía fue considerable. La mejor lección que podía extraerse de la experiencia era la pena que había que pagar por carecer de un frente unido.

Northumbria, Mercia, Anglia Oriental y Wessex podrían haber detenido la incursión vikinga en sus primeras fases si se hubieran unido en una alianza contra el enemigo del mar. No lo estaban, y mientras un reino se derrumbaba, los otros trataban desesperadamente de encontrar una forma de aplacar a los daneses. Solo Wessex apreció el riesgo de tener un ejército extranjero en el corazón de Inglaterra. Como resultado, se enfrentaron al Gran ejército pagano, sabiendo que la existencia de su reino estaba en juego. Ningún soborno o tributo iba a impedir que el enemigo obtuviera su objetivo final de conquista completa.

La historia de Inglaterra estaba pasando a una página más oscura. No parecía haber nada que pudiera detener al Gran ejército pagano. Fue en este momento de la historia inglesa cuando un hombre dio un paso al frente para enfrentarse al enemigo. Todos los relatos admiten que era un gran hombre.

Capítulo cuatro: Alfredo el Grande

Hasta la fecha, Alfredo ha sido el único monarca inglés al que se ha llamado «el Grande». Cualquiera que analice lo que Alfredo logró durante su vida puede reconocer inmediatamente por qué es así. Alfredo se ganó justificadamente ese honor, y su reputación se basa en hechos, no en leyendas.

La historia inglesa tiene casos en los que una persona con coraje y audacia, como Isabel I o Winston Churchill, dio un paso al frente para liderar la nación en tiempos de crisis. Alfredo fue uno de los que impidieron que Inglaterra cayera en un abismo. Se convirtió en rey de Wessex en una época de la historia inglesa que podría haber acabado en un desastre de proporciones cataclísmicas.

Alfredo era hijo de Ethelwulfo y su esposa, Osburga. El antiguo rey tuvo cinco hijos, y cuatro de ellos pasarían a gobernar Wessex. La línea sucesoria de Wessex muestra un traspaso pacífico de un hermano a otro, ya que la mayoría de los hermanos no tenían herederos. También hay pruebas de que un hermano ayudaría a su hermano gobernante en tiempos de peligro. Esta podría ser una de las razones por las que el reino de Wessex tenía una monarquía estable y una sociedad que no era propensa a la guerra civil.

Ascenso al poder

Alfredo prestó ayuda a su hermano durante la feroz resistencia contra las incursiones del Gran ejército pagano en Wessex. Sin embargo,

Etelredo murió, dejando hijos infantes. El reino se encontraba en una grave situación y no podía permitirse tener a un niño en el trono. Alfredo conocía los peligros a los que se enfrentaba Wessex, ya que había estado en primera línea de la resistencia desde el comienzo de la invasión del Gran ejército pagano en 865. La clase dirigente del país decidió prescindir de los niños pequeños y dar la corona a Alfredo.

Los vikingos controlaban ahora la mitad oriental de Inglaterra. Tras haber vencido o acobardado a los otros tres reinos anglosajones, el ejército extranjero pudo entonces volcar todos sus recursos y su poderío contra el reino del sur.

Alfredo continuó la lucha, pero se enfrentaba a un adversario que era implacable. No le quedaba otra alternativa que encontrar una forma de comprar la paz. Afortunadamente para él, los comandantes vikingos, Guthrum y Halfdan, estaban dispuestos a escuchar sus condiciones.

No es tan sorprendente que los vikingos estuvieran dispuestos a negociar. Llevaban luchando más de seis años y habían sufrido muchas pérdidas. Sus bajas eran elevadas y la moral empezaba a hundirse. Las oportunidades de saqueo se desvanecían y en sus filas crecía el deseo de asentar a sus familias en las tierras recién conquistadas. Sin embargo, el precio de la paz iba a ser alto.

Se exigió a Alfredo un pago anual del *danegeld* y la cesión del este de Inglaterra a los vikingos. Esto significaba que, en 873, los vikingos tenían el control de Anglia Oriental, Northumbria, Mercia y la sección oriental de Wessex. Alfredo estaba dispuesto a ceder a las condiciones. El rey de Wessex se dio cuenta de que tenía que ganar tiempo para plantar cara[i].

Preocupaciones vikingas

El Gran ejército pagano había invernado a finales de 871, sin duda agradeciendo el descanso de los continuos combates. Sus líderes necesitaban reevaluar sus prioridades y determinar sus próximos movimientos. Halfdan se dio cuenta de que se estaban produciendo algunos problemas en el norte. Los northumbrianos habían sido derrotados, pero eso no significaba que estuvieran satisfechos con sus nuevos señores. Había una rebelión contra Egberto que debía ser reprimida. Los mercios pagaron el *danegeld* para mantener la paz, pero

---

[i] MacNeil, R. (2019, mayo). *The Great Heathen Failure: Why the Great Heathen Army Failed to Conquer the Whole of Anglo-Saxon England*. Extraído de Digitalcommons.winthrop.edu: https://digitalcommons.winthrop.edu/cgi/viewcontent.cgi?article=1105&context=graduatetheses

había problemas bajo la superficie. En 873, Ivar el Deshuesado murió. Halfdan perdió un valioso jefe de guerra.

Burgred iba a aprender que pagar a los vikingos no garantizaba la seguridad de su trono. El Gran ejército pagano atacó Mercia en 874, y Burgred se vio obligado a huir para salvar su vida. Finalmente se exilió en Roma y murió allí. Los vikingos tenían ahora el control total de Mercia[i].

Era evidente para los comandantes vikingos que no había nada más que lograr como fuerza unida. Además, había que vigilar Northumbria y Mercia, y sofocar cualquier posible rebelión. Era una época en la que la residencia permanente en Inglaterra era la nueva prioridad vikinga.

En 874, el Gran ejército pagano se dividió. Halfdan se dirigió al norte y comenzó el proceso de asentamiento de sus hombres en las tierras que habían conquistado. Guthrum se quedó atrás con su parte del ejército. Aunque Alfredo se enfrentaría a Guthrum en los años venideros, se enfrentaría a una fuerza enemiga mucho menor[ii].

La campaña de Wessex

La paz no significó que Alfredo disfrutara de la tranquilidad. Utilizó este tiempo para restablecer su autoridad en Wessex y reclutar un ejército. A diferencia de sus colegas reyes anglosajones, Alfredo no confiaba en que los vikingos respetaran la paz o permanecieran inactivos. Mantenía un ejército preparado para cualquier nuevo estallido de guerra. Fue una estrategia muy inteligente.

Guthrum atacó en 875. Utilizaba una forma de actuar que tuvo éxito en el pasado: ocupar una ciudad y esperar la oportunidad de recibir dinero a cambio de la promesa de marcharse. Así lo hicieron en Wareham. Alfredo no pudo tomar Wareham y negoció un tratado de paz con Guthrum. Los vikingos faltaron rápidamente a su palabra y mataron a los rehenes que Alfredo les había proporcionado. Se dirigieron a Exeter, donde Alfredo bloqueó exitosamente los barcos vikingos. Los vikingos negociaron la paz con Alfredo a finales de 877 y se retiraron a Gloucester. Sin embargo, seguían manteniendo su objetivo

---

[i] Discovery. (2023, 3 de mayo). *Who was King Burgred of Mercia and what did he do?* Extraído de Discoveryuk.com: https://www.discoveryuk.com/monarchs-and-rulers/who-was-king-burgred-of-mercia-and-what-did-he-do/

[ii] MacNeil, R. (2019, mayo). *The Great Heathen Failure: Why the Great Heathen Army Failed to Conquer the Whole of Anglo-Saxon England.*

de hacerse con el control de todo Wessex.

Alfredo invernó en Chippenham durante la Navidad de 877. Los daneses atacaron a Alfredo en enero de 878 y lo obligaron a huir con un pequeño grupo de hombres al páramo. Los vikingos tenían la ventaja, pero no tenían al rey.

Algunos historiadores critican a Alfredo, diciendo que no fue capaz de derrotar a los daneses en combate en campo abierto. Parecía más propenso a sobornar a los vikingos y conseguir que se marcharan por un tiempo.

Tras el casi desastre de Chippenham, Alfredo era un monarca con una fuerza de combate apenas eficaz. Afortunadamente para Wessex, los acontecimientos estaban a punto de cambiar. El año 878 resultó ser muy decisivo.

Los pasteles ardientes

Alfredo escapó tras estar a punto de ser hecho prisionero y huyó a la clandestinidad. Encontró refugio en los pantanos de Somerset y se acantonó en la isla de Athelney. Aquí es donde se originó una de las leyendas más encantadoras sobre el rey Alfredo.

Alfredo estaba en una pequeña cabaña. La señora de la casa le pidió que vigilara unos pasteles de plancha (pequeñas hogazas de pan). Alfredo aceptó, pero estaba tan distraído con sus preocupaciones sobre qué hacer que se olvidó por completo de su tarea. Los pasteles se quemaron y la mujer se puso furiosa. Cuenta la leyenda que regañó e incluso golpeó al rey de Wessex con una escoba. Alfredo no le dijo que él era el rey y aceptó amablemente su castigo. La historia muestra al rey Alfredo no solo como una persona regia, sino también como alguien justo. Hizo algo mal, se disculpó por ello y no intentó castigar a la dama por su comportamiento.

No hay forma de comprobar la exactitud de esta historia porque no existe ningún registro de la época. En realidad, no se mencionó en absoluto hasta varios cientos de años después del supuesto momento en que tuvo lugar. No obstante, describe a un hombre dispuesto a aceptar el castigo y realza la leyenda de Alfredo el Grande[i].

---

[i] Pearce, S. (2023, 16 de febrero). *Where King Alfred Burnt Cakes in Athelney-King Alfred's Monument!* Extraído de Third Eye Traveler: https://thirdeyetraveller.com/where-king-alfred-burnt-cakes-in-athelney-king-alfreds-monument/

La batalla de Edington

Alfredo sabía que tenía que contraatacar y golpear a los invasores lo más fuerte posible. Esperó hasta la primavera de 878 y entonces envió una llamada a su ejército para que se reuniera en un lugar conocido como la Piedra de Egberto. Una vez reunidas las tropas, Alfredo las hizo marchar a Edington. Allí, en algún momento entre el 6 y el 12 de mayo de 878, Alfredo y su ejército libraron un combate con los daneses. Los soldados de Alfredo formaron un muro de escudos y pudieron ofrecer una dura resistencia. Esta vez, los daneses fueron derrotados. La *Crónica anglosajona* da cuenta de lo que sucedió después.

> «Él [Alfredo] los persiguió hasta su fortaleza [Chippenham] y los sitió, por tanto, quince días. Esta vez fueron los vikingos los que tuvieron que ceder y pedir la paz. Le entregaron rehenes e hicieron grandes juramentos de abandonar el reino, y también de que su rey recibiría el bautismo»[i].

El Tratado de Wedmore

Tras la batalla de Edington, Alfredo y Guthrum llegaron a un acuerdo sobre el nuevo *statu quo* en Inglaterra. En él se definía la frontera entre Wessex y las posesiones vikingas, reconociendo todo lo que hoy es el sur y el suroeste de Inglaterra como perteneciente al rey Alfredo y a Wessex.

No se puede subestimar la importancia de este acuerdo. Los daneses se dieron cuenta de que su territorio tenía un límite. El tratado también exigía que Guthrum aceptara ser bautizado como cristiano.

Guthrum proporcionó rehenes que podrían ser asesinados inmediatamente si rompía el tratado. Los historiadores han señalado que este tratado fue el comienzo del proceso histórico que finalmente condujo a un Reino de Inglaterra unificado. Alfredo obtuvo una inmensa victoria gracias a su persistencia y valentía.

Sin embargo, esto no significó que los problemas con los vikingos desaparecieran. Todavía había incursiones y ataques en Wessex.

Alfredo había combatido a los daneses, utilizando tanto su ejército como su flota. Sin embargo, se dio cuenta de que tenía que haber una forma permanente de defensa contra los daneses para, en última

---

[i] Anglo-Saxon.net. (2023, 21 de agosto). *Early-Medieval-England.net Timeline: 871-899*. Extraído de Anglo-Saxon.net: http://www.anglo-saxons.net/hwaet/?do=seek&query=871-899

instancia, disuadirlos de que intentaran alguna vez asaltar su territorio.

El sistema burgués

Alfredo desarrolló una política defensiva centrada en la creación de ciudades fortificadas conocidas como burgos. El plan básico era sencillo. Se animaba a la gente a asentarse en estas ciudades a cambio de parcelas de tierra gratuitas. Esto creó un sistema de lugares fortificados a no más de veinte millas de una ciudad. Una partida de asalto vikinga estaría a menos de un día de marcha de una milicia local. Los burgos también proporcionaron a los granjeros un lugar donde encontrar protección.

Alfredo mejoró la postura defensiva de los burgos construyendo carreteras que los interconectaban. Los vikingos se encontraban ahora en una situación en la que podían quedar aislados de cualquier escapatoria si atacaban un lugar. A los hombres del norte no les gustaba la idea de tener demasiadas bajas sin recompensa, así que tuvieron que pensárselo dos veces antes de aventurarse en Wessex.

Las carreteras que conectaban los burgos también se utilizaban para el comercio y otros intercambios. Alfredo creó esencialmente centros económicos dentro de su reino que podían utilizarse para mejorar la economía general.

Este plan fue extenso. Según figura en el *Burghal Hidage*, un documento anglosajón, se crearon más de treinta burgos[i].

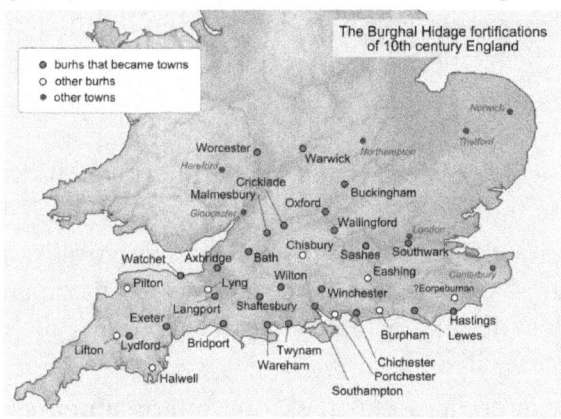

Mapa de los burgos listados en el *Burghal Hidage*[5]

---

[i] The History Junkie. (2023, 21 de agosto). *5 Reasons That Burhs Were Important and How They Helped Alfred the Great Defeat the Vikings*. Extraído de Thehistoryjunkie.com: https://thehistoryjunkie.com/5-reasons-that-burhs-were-important-and-how-they-helped-alfred-the-great-defeat-the-vikings/

Otras defensas

Los vikingos continuaron asaltando el territorio en poder del rey Alfredo. En 893 se produjo un importante ataque marítimo que fue diferente a algunas de las incursiones anteriores. Los vikingos llevaron a sus familias con la intención de colonizar. Alfredo pudo hacer frente a estos ataques y superar a sus enemigos.

Uno de los cambios que introdujo Alfredo tuvo que ver con la defensa marítima. En 896, ordenó la construcción de una pequeña flota de barcos largos que tenían cada uno el doble del tamaño de un navío de asalto vikingo. Aunque no fue el nacimiento de la armada inglesa, aumentó el poder naval de Wessex.

Alfredo tenía barcos que eran más rápidos, más grandes, más firmes y navegaban más alto en el agua que los barcos vikingos. Pudo interceptar a las partidas de asalto cuando se acercaban por el agua, lo que hizo que su reino fuera mucho más seguro.

Alfredo y la educación

Alfredo fue más que un guerrero. Fue un innovador y un reformador que introdujo cambios significativos en su reino. Cuando visitó Roma, se alojó con el rey franco Carlos el Calvo y discutió con él cómo los reyes carolingios pudieron hacer frente a los vikingos.

Alfredo sabía que necesitaba dinero para pagar sus defensas, así que amplió los impuestos y basó lo que debía una persona en la productividad de las tierras que poseía. Un *hide* era la unidad básica para evaluar las obligaciones fiscales. Era la cantidad de tierra necesaria para mantener a la propia familia y variaba en tamaño. A los terratenientes se les exigían servicios o dinero en función de cuántos *hides* poseía ese individuo.

Alfredo quería crear un sistema educativo que rivalizara con el creado por Carlomagno. Se crearon escuelas cortesanas para educar a la nobleza y a los de menor rango social. El plan de estudios estaba dedicado a las artes liberales[i].

Alfredo era diferente de alguien que quería aprender por aprender. Le preocupaba la correcta ejecución de la justicia y buscaba una mejor

---

[i] European Royal History. (2022, 22 de octubre). *October 26, 899: Death of Alfred the Great, King of the Anglo-Saxons*. Extraído de Europeanroyalhistory.com: https://europeanroyalhistory.wordpress.com//?s=Alfred+the+Great&search=Go.

comprensión de cómo vivir según los principios divinos.

Alfredo se declaró rey de los anglosajones en 886. Dejó tras de sí un reino que se encontraba en mejor situación que cuando él lo había encontrado en el momento de su coronación. Sus reformas educativas, su éxito en las empresas militares y sus intentos de preservar la paz y la estabilidad de Wessex son las razones por las que se lo conoce como «el Grande». Tenemos que admitir que su reinado fue un periodo de tiempo notable en el que el carácter de la Inglaterra anglosajona cambió para mejor.

Para los vikingos ya no tenía sentido saquear y destruir el campo. Se ganaba mucho más labrando los campos y dedicándose al comercio.

La paz ya no era solo un pasatiempo al que entregarse cuando el tiempo era terrible. Los vikingos y sus familias se estaban asentando en una zona de lo que hoy es la Inglaterra moderna. Se conocía como el *danelaw*. Duró menos de cien años, pero dejó una huella indeleble en la campiña inglesa. Merece la pena explorar los cambios que produjo.

Capítulo cinco: El *danelaw*

La invasión del Gran ejército pagano en 865 fue el punto álgido de las incursiones vikingas en Inglaterra. En los años siguientes, la intensidad de los ataques vikingos comenzó a disminuir. Hay algunas razones principales que explican la disminución de la violencia de las incursiones marítimas.

Las comunidades anglosajonas desarrollaron estrategias para hacer frente a los merodeadores. El sistema de burgos establecido por Alfredo el Grande creó una red de ciudades fortificadas que podían resistir a los vikingos, y las milicias locales estaban mejor organizadas. La armada de Alfredo podía ahora enfrentarse a los merodeadores que llegaban en aguas abiertas. Eso estaba muy lejos de esperar en las playas, en busca de un barco largo dragón que apareciera en el horizonte. Los vikingos eran hombres valientes, pero no temerarios. Atacar un lugar fortificado que los esperaba y estaba preparado para infligirles graves bajas era demasiado riesgo.

Guthrum se convirtió al cristianismo, y no fue el único hombre del norte en hacerlo. Otros aceptaron el camino de la cruz, quizá no siempre debido a un impulso de acercamiento a Jesús. Ser cristiano ofrecía algunas posibilidades para la empresa comercial, y el comercio proporcionaba beneficios más fiables que las incursiones. Las actividades pacíficas, como la agricultura, eran alternativas tentadoras a la existencia de tala y quema de los días anteriores.

Además, los vikingos lograron su objetivo de obtener tierras en Inglaterra. Northumbria, Mercia y Anglia Oriental quedaron bajo el control de los señores vikingos, y el Tratado de Wedmore estableció fronteras fijas entre Wessex y las tierras en poder de los vikingos. Surgió una nueva entidad política, el *danelaw*.

Creación de un país de daneses

Se conocía como *Danelagen* en danés y *Dena lagu* en inglés antiguo. El Danelaw era un reconocimiento de que los vikingos estaban en Inglaterra para quedarse. Los estudiantes modernos de historia olvidan a veces que los vikingos no eran solo piratas. También eran agricultores y herreros excepcionales. Habían establecido comunidades en Escandinavia y llevaron sus sociedades a la Inglaterra anglosajona. El territorio que habitaron los vikingos se extendía desde Londres hasta Anglia Oriental y a través de las Tierras Medias hasta el norte de Inglaterra[i].

El importante documento fundacional del Danelaw fue el Tratado de Wedmore. Guthrum no deseaba romper el tratado que había firmado y estaba dispuesto a dejar de ser una molestia merodeadora. La Mercia danesa estaba bajo el control de cinco ejércitos daneses, que introdujeron sus leyes y costumbres nativas en esta sección media de Inglaterra. Se establecieron cinco ciudades principales o divisiones (*boroughs*) en esta zona controlada por los vikingos: Derby, Leicester, Lincoln, Nottingham y Stamford. Todos ellos eran municipios fortificados.

Quince condados de la Inglaterra moderna se convertirían en el Danelaw. Entre ellos se encontraban Leicester, Nottingham, Derby, Lincoln, York, Essex, Cambridge, Suffolk, Northampton, Norfolk, Huntington, Bedford, Middlesex Hertford y Buckinghamshire.

Centros importantes de Danelaw

Nottingham era una de las principales ciudades. El asentamiento danés comenzó oficialmente en 877. Derby se asentó en 877. El municipio de Lincoln era una posesión estratégica; se encontraba en la ruta entre Wessex y York. Leicester sería escenario de varios enfrentamientos militares mientras formó parte del Danelaw[ii].

---

[i] Roua, V. (2016, 7 de mayo). *A Brief History of the Danish Vikings and of the Danelaw*. Extraído de Thedockyards.com: https://www.thedockyards.com/the-danish-vikings-and-the-danelaw/

[ii] Brain, J. (2023, 26 de agosto). *The Five Boroughs of Danelaw*. Extraído de Historic-uk.com: https://www.historic-uk.com/HistoryUK/HistoryofEngland/The-Five-Boroughs-Of-Danelaw/

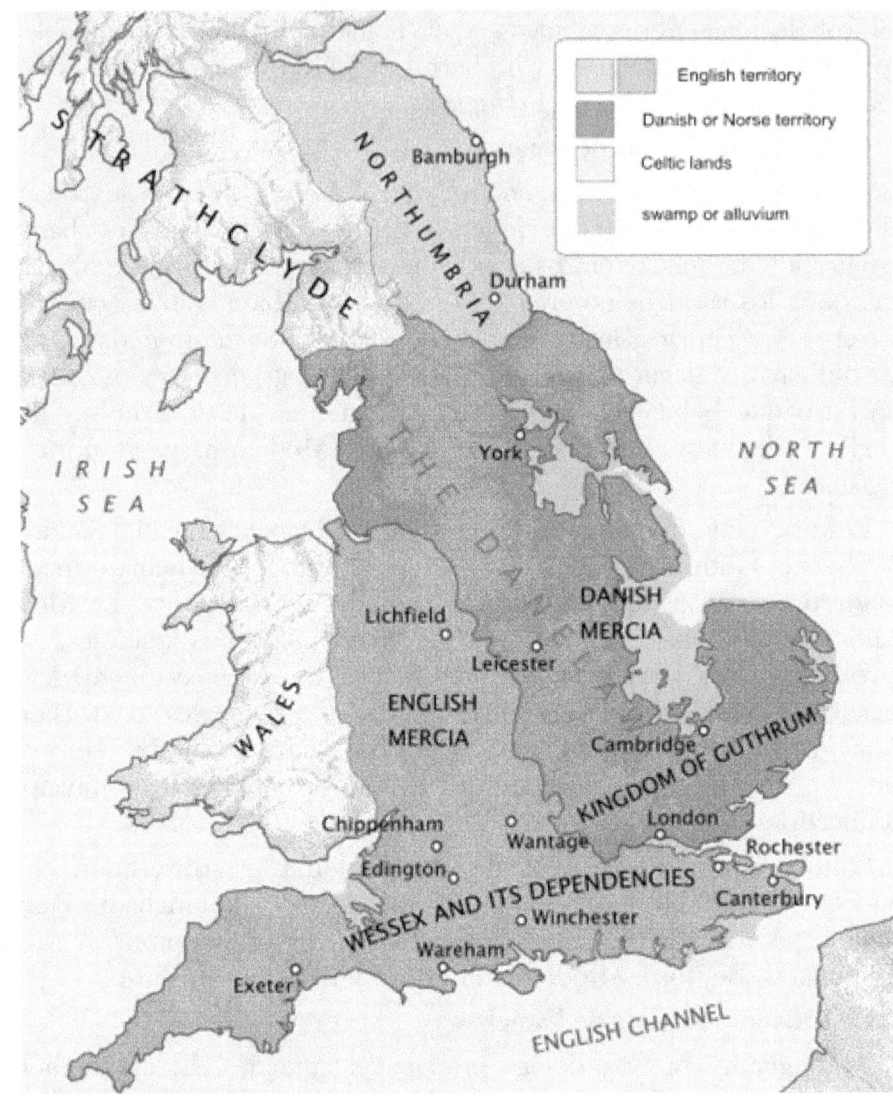

El Danelaw en 878[6]

La población

No sabemos con exactitud cuántos escandinavos decidieron establecerse en el Danelaw. Aunque era una oportunidad para expandirse en una nueva región, no todos estaban dispuestos a abandonar sus antiguos hogares por un lugar nuevo. Es posible que solo emigraran unos pocos miles.

Estos inmigrantes se mezclaron con los anglosajones. Debido a ello, se creó una lengua que era una combinación del nórdico antiguo y el inglés antiguo. Ambos dialectos tenían un origen germánico y eran similares en muchos aspectos. Una diferencia entre ambos radicaba en las reglas gramaticales, que podían causar cierta confusión hasta que los dos se fundieron en uno solo.

Finalmente se desarrolló un dialecto anglo-nórdico, y los dialectos tradicionales de Yorkshire, Lancashire, el Distrito de los Lagos y Lincolnshire pueden remontar sus raíces a este *patois*[i].

Comercio en el Danelaw

Las ciudades del Danelaw pasaron a formar parte de la red comercial escandinava. Se trataba de una autopista comercial que dominó el norte de Europa durante siglos y fomentó el desarrollo comercial de una extensión que abarcaba toda Escandinavia, Gran Bretaña, Irlanda y hasta Islandia. Las ciudades comerciales incluían lugares tan lejanos como Kiev, Novgorod, Ruán, Wolin, Dublín y Truso[ii]. Los bienes comunes con los que se comerciaba incluían esclavos, pieles, textiles y artículos de hierro. Las importaciones, como las especias procedentes de Bizancio, enriquecían a las sociedades que formaban parte de la red comercial. Gracias a la extensa red comercial, se introdujeron productos que no se habían visto antes en la Inglaterra anglosajona[iii].

Había centros de importante actividad comercial en el Danelaw. York, conocida como Jórvík por los daneses, era el mejor ejemplo. Las excavaciones en la zona de York sugieren la diversidad de mercancías que entraron en la Inglaterra anglosajona gracias a la red comercial del Danelaw.

Las actividades manufactureras en el Danelaw incluían el vidrio, el cuero y la metalistería. Se encontraron joyas y accesorios de vestir procedentes de Escocia e Irlanda, junto con conchas de cauri del Mediterráneo y marfil de morsa que se importaba de Noruega.

---

[i] Viking.no. (2004, 14 de agosto). *The Danelaw: Population, culture and heritage.* Extraído de Viking.no: https://www.viking.no/e/england/danelaw/e-heritage-danelaw.htm

[ii] Skjaden. (2020, 16 de enero). *Trade in the Viking Age-Do You Know Which Trade Towns That Were the Most Important Ones?* Extraído de Nordic Culture: https://skjalden.com/where-did-the-vikings-trade

[iii] Skald, F. t. (2016, 16 de septiembre). *Viking History: Post-by-Post.* Extraído de Fjorn-the-skald.tumblr.com: https://fjorn-the-skald.tumblr.com/post/150515624715/lesson-16-viking-money-commerce-coins-and

Los barcos escandinavos podían remontar el Humber y luego navegar por el río Ouse hasta York, gracias al poco calado de las embarcaciones. Las mercancías comerciales podían llevarse por tierra hasta la costa occidental y cargarse en barcos que se dirigían a Dublín, Irlanda. Otros puertos irlandeses eran Cork, Waterford, Wexford y Limerick, todos ellos destinos comerciales de los mercaderes del Danelaw.

Los viajes por tierra eran posibles desde York a través de senderos en los valles. York está situada en una llanura amplia y plana que se extiende de sur a norte y atraviesa el norte de Inglaterra. Esto significaba que las caravanas de comerciantes podían dirigirse al norte, a Escocia, o al sur, a Nottingham y Derby[i].

Derecho y administración

La idea de los juicios por combate y los feudos de sangre da lugar a emocionantes programas de televisión, pero no era así como se gestionaban los asuntos en el Danelaw. Existía un sistema de práctica y administración legal que permitía a la sociedad funcionar de forma ordenada. El sistema jurídico del Danelaw se basaba en el derecho escandinavo.

Sin embargo, las prácticas legales del Danelaw diferían de la Inglaterra anglosajona. La pena por matar a una persona en el Danelaw estaba determinada por el estatus social de la persona. Los castigos por delitos relacionados con la jurisdicción real en la Inglaterra anglosajona eran significativamente más severos, y los ámbitos de las ofensas eran más amplios.

La zona de los Cinco Burgos (Derby, Leicester, Lincoln, Nottingham y Stamford) contaba con una amplia organización del sistema judicial, que incluía tribunales de condado y reuniones de tribunales de aldea. Este sistema dio origen al uso de jurados en el derecho consuetudinario inglés. Los jurados eran una característica de la jurisprudencia escandinava, desconocida hasta entonces en las regiones anglosajonas.

El campesinado libre, en oposición a la servidumbre, era una característica del Danelaw. La idea de un sistema señorial basado en lazos feudales entre un señor y sus siervos no era común en el Danelaw. Los campesinos libres eran descendientes de soldados y colonos. Existía una categoría especial, los *sokemen*, que estaban obligados a realizar

---

[i] Viking.no. (2004, 14 de agosto). *Trade routes in the British Isles*. Extraído de Viking.no: https://www.viking.no/e/england/york/jorvik_trading_centre_2.html

tareas menores para su señor, como pagar pequeñas rentas y ayudar en el campo durante la cosecha. Sin embargo, estas personas tenían la propiedad completa de sus parcelas. La relación con su señor era contractual, no hereditaria. Aunque la invasión normanda en el siglo XI cambiaría las cosas, los *sokomen* aún podían encontrarse en Anglia Oriental y en la zona de los Cinco Burgos durante siglos.

La libertad social en el Danelaw llevó a la zona a convertirse en una de las regiones más prósperas de Inglaterra. Los hombres libres convirtieron los bosques y páramos en tierras de cultivo y mejoraron la actividad agrícola de la región. Las innovaciones y costumbres que introdujeron los inmigrantes vikingos servirían de modelo para la futura sociedad inglesa[i].

Acuñación

Un aspecto fascinante de las prácticas comerciales del Danelaw era el uso de monedas. Puede parecer un elemento menor, pero las monedas permiten a una economía hacer más manejable el intercambio de mercancías. La razón es sencilla. La alternativa sería utilizar otro producto o lingotes de metal para pagar algo. Se necesitaría la tasación de la otra mercancía comercial o medidas de peso para determinar cuánto lingote había que pagar.

Los nórdicos utilizaban originalmente una economía de lingotes y pesaban el metal para las transacciones comerciales. Los nuevos colonos del Danelaw estaban familiarizados con las monedas porque el Danegeld se pagaba en moneda anglosajona.

La interacción con otras zonas comerciales extranjeras demostró la importancia del uso de monedas y, a mediados de la década de 890, se introdujo la acuñación nacional en el Danelaw. Se han encontrado monedas en excavaciones de York y yacimientos de Anglia Oriental, aunque no en gran cantidad. La imaginería cristiana, como la cruz cristiana, se encontraba comúnmente en las monedas del Danelaw. Los lingotes se seguían utilizando, sobre todo en las zonas rurales, pero se establecieron cecas en lugares como York.

---

[i] Chakra, H. (2021, 27 de septiembre). *The Story of Danelaw*. Extraído de About-history.com: https://about-history.com/the-story-of-danelaw/

Ejemplos de monedas vikingas[7]

Interacción con los anglosajones

Los antiguos asaltantes del mar se establecieron más en Inglaterra en el siglo X y participaron en la diplomacia del reino anglosajón de Wessex. Existían barreras lingüísticas que había que superar para mantener relaciones estables y pacíficas. Como ya se ha mencionado, las palabras nórdicas se introdujeron gradualmente en la lengua inglesa en desarrollo.

Los expertos en lingüística hablan del concepto de palabras prestadas. Estas fueron infundidas al inglés por el nórdico antiguo, y se calcula que unas seiscientas palabras prestadas forman parte del inglés estándar actual.

Algunas de las palabras inglesas que se utilizan a diario derivan de fuentes escandinavas. *Anger, berserk, ransack* y *slaughter* (ira, furia, saqueo y matanza) reflejan la época de las incursiones vikingas. Sin embargo, no todas las expresiones eran violentas. *Sky, skip, happy* y *glitter* (cielo, salto, feliz y brillo) tienen todas ellas su origen en el nórdico antiguo o en las lenguas escandinavas.

Los días de la semana, como *Thursday* (jueves), proceden de los vikingos. Y algunas palabras útiles como *get, take* y *they* (obtener, tomar y ellos) procedían de los hombres del norte[i].

El *Libro Domesday*, un levantamiento topográfico de Inglaterra completado por Guillermo el Conquistador, proporciona pruebas de que los préstamos escandinavos eran cada vez más familiares y se utilizaban con frecuencia. El 40% de los topónimos de Yorkshire del Este, registrados en el *Libro Domesday,* son de origen escandinavo. Además, el 50% de los nombres de Nottingham y Cheshire eran escandinavos. Se argumenta que esto refleja las convenciones de nomenclatura y no que hubiera un gran número de escandinavos en esas zonas[ii].

El cristianismo y el Danelaw

La conversión de Guthrum fue el primer cambio religioso significativo que afectó a los nuevos colonos de la Inglaterra anglosajona. La tendencia hacia el cristianismo aumentaría en el siglo X a medida que el comercio entre los nórdicos y los anglosajones comenzó a crecer. El cristianismo se convirtió en un vínculo común entre los anglosajones y los daneses. Hacerse cristiano tenía sentido para los comerciantes nórdicos porque las interacciones eran mucho más manejables. También hizo que los colonos nórdicos fueran más aceptados en la sociedad anglosajona y europea.

El cristianismo permitió pacificar en cierta medida a unas personas acostumbradas a la violencia. Se adoptaron valores como la caridad y el servicio a la comunidad, y estos valores, entre otros, ayudaron a la «domesticación» de los asaltantes del mar. Aún quedarían algunos vestigios de las antiguas costumbres de los vikingos en el folclore y los festivales, pero el cristianismo acabó por imponerse en el Danelaw.

Los asaltantes que antes quemaban y saqueaban monasterios ayudaron a construir otros nuevos, y el arzobispado de York se convirtió gradualmente en un centro cristiano vital en Inglaterra. Un ejemplo de triunfo del cristianismo sobre las antiguas prácticas nórdicas es Oswaldo de Worcester. Fue arzobispo de York entre 972 y 992, y se comprometió con la reforma eclesiástica. Oswaldo tenía ascendencia

---

[i] Sky History. (2023, 26 de agosto). *Old Norse Words We Use Every Day.* Extraído de www.history.co.uk: https://www.history.co.uk/shows/vikings/articles/old-norse-words-we-use-every-day

[ii] Fi, B. a. (2015, 2 de mayo). *Vikings in the Danelaw.* Extraído de Babiafi.co.uk: https://www.babiafi.co.uk/2015/05/vikings-in-danelaw.html

danesa y más tarde se convirtió en santo.

El cristianismo era también un medio de asegurar la paz doméstica dentro del Danelaw. No todos los habitantes del Danelaw procedían de Escandinavia. La tolerancia del cristianismo facilitó a los señores nórdicos la administración de sus territorios y la lealtad de la población anglosajona.

Curiosamente, los cementerios de Gran Bretaña ofrecen ejemplos de integración religiosa. Hay pruebas de enterramientos paganos, y en la isla de Man se han encontrado cruces cristianas grabadas con arte escandinavo. Los nuevos colonos estaban dispuestos a incorporar diseños artísticos a la imaginería cristiana estándar.

Finalmente, Guthrum se retiró a Anglia Oriental y reinó sobre el reino de Guthrum hasta su muerte.

Las relaciones pacíficas entre los daneses y los anglosajones no siempre duraron mucho tiempo. Las fricciones entre ambos bandos se agravaron.

La principal diferencia entre los primeros años del siglo X y lo que había sucedido antes era que ahora el zapato estaba en el otro pie. El sucesor de Alfredo el Grande, Eduardo el Viejo, no quería un enemigo potencial en su frontera septentrional. Se libraron agresivas campañas contra los daneses en el Danelaw y en la Northumbria danesa. Se firmó un tratado en 906, pero no duró porque Eduardo hostigó a los daneses de Northumbria en 909. Eduardo continuó sus ofensivas contra los daneses y, en 912, se había hecho con el control del sur de Danelaw. En los años siguientes, Eduardo derrotó a los daneses en varias batallas.

Eduardo el Viejo formó parte del resurgimiento de la Inglaterra anglosajona. Los anglosajones no eran tan díscolos como en años anteriores, sino que se unían bajo el rey de los anglosajones.

La caída del Danelaw también fue causada por luchas internas que desviaron la atención de la amenaza militar que se acercaba desde el sur.

La asimilación cultural debilitó los lazos con la cultura nórdica. Los matrimonios mixtos hicieron que los escandinavos perdieran su identidad distintiva al mezclarse cada vez con más frecuencia con los anglosajones. El uso del inglés antiguo se hizo más frecuente y el cristianismo reforzó los vínculos con los anglosajones.

Los escandinavos ya no eran un grupo único y se enfrentaban a un enemigo que presentaba un frente unido contra ellos. Eran los anglosajones quienes ahora deseaban tener el control del país. Los gobernantes del Danelaw estaban cada vez más en desventaja.

Athelstan, hijo de Eduardo el Viejo, continuó la política agresiva contra el Danelaw. Los antiguos vikingos se vieron gradualmente obligados a retroceder de sus posesiones originales. Los anglosajones se beneficiaron de una estrategia militar más organizada y de alianzas políticas. El Danelaw dejó de ser una entidad política en 954, cuando Erik Hacha Sangrienta fue expulsado de Northumbria.

En el próximo capítulo veremos más de cerca cómo cayó el Danelaw.

Capítulo seis: Eduardo y Athelstan

Cualquier periodo de paz sostenida daba a los anglosajones la oportunidad de consolidar sus posiciones y planear futuras vías de expansión hacia el territorio del Danelaw. Era obvio que tener a una potencia extranjera controlando vastas porciones de Inglaterra no era la mejor política exterior. Los vikingos, ahora asentados, tenían su propio sistema legal, que no podía conciliarse fácilmente con la ley anglosajona existente. Además, estos extranjeros controlaban importantes rutas comerciales y recursos, lo que podía repercutir en la economía del sur. Las cosas empeoraron cuando los vikingos atacaron el territorio anglosajón, actuando más como bandoleros que como vecinos pacíficos. Inglaterra era, a efectos prácticos, una casa dividida. Ese estado de cosas no podía mantenerse por mucho tiempo.

Eduardo asciende al poder

Eduardo el Viejo gobernó desde 899 hasta 924. Era hijo de Alfredo el Grande y pretendía seguir los pasos de su padre en la medida de lo posible. La reconquista de Inglaterra al sur del Humber fue un objetivo a largo plazo que persiguió.

No sabemos mucho sobre Eduardo antes de que se convirtiera en rey. La *Vida del rey Alfredo* de Asser, escrita en 893, dice que Eduardo era un hijo obediente de Alfredo y alguien que trataba a los demás con amabilidad, humildad y gentileza. Eduardo no era un ignorante. Estaba bien educado y familiarizado con los libros.

Las fuentes de las que disponemos indican que Eduardo era un luchador y una persona popular en la familia real. Creemos que Alfredo concedió a Eduardo cierto grado de autoridad independiente y que el viejo rey nombró a Eduardo subrey de Kent. Eduardo parecía ser un sucesor legítimo y competente de su padre, pero tendría que ganarse su derecho de nacimiento en el campo de batalla.

La revuelta de Ethelwold

Alfredo tenía otros parientes varones que podían reclamar el trono de Wessex. Uno de ellos era su sobrino, Ethelwold. Era hijo del hermano mayor de Alfredo, Etelredo I, y Ethelwold se rebeló porque creía que tenía tanto derecho al trono como Eduardo.

Después de que Eduardo fuera coronado rey, Ethelwold se apoderó de Wimborne, en Dorset. Eduardo lo obligó a dejar ese puesto y Ethelwold escapó a Northumbria. Allí, los daneses le juraron lealtad y lo declararon su rey. Ethelwold reunió una flota y, a finales de 901, desembarcó su fuerza en Essex. Al año siguiente, persuadió a los daneses de Anglia Oriental para que se unieran a él y comenzó a realizar incursiones en Wiltshire y Wessex. El enfrentamiento final entre Eduardo y Ethelwold tuvo lugar en 902 en la batalla de Holme. Ethelwold murió en la lucha, lo que puso fin a cualquier oposición a que Eduardo fuera rey de Wessex.

La rebelión de Ethelwold exponía un peligro para Eduardo y su reinado. Era algo más que un falso pretendiente intentando ocupar su trono; el apoyo de los daneses y del Danelaw era muy preocupante. Eduardo no podía estar tranquilo con una nación en sus fronteras que podría apoyar otra rebelión más adelante. Era necesario poner fin a cualquier amenaza al poder de Eduardo[i].

Rey de los anglosajones

Alfredo el Grande se había declarado rey de los anglosajones, y Eduardo asumió ese mismo título. Eso era significativo en sí mismo. Eduardo no solo era el rey de Wessex y Mercia, sino también de todos los anglosajones que no vivían en zonas controladas por los vikingos. Muchos anglosajones poblaban el Danelaw, por lo que Eduardo podía concebiblemente decir que tenía el derecho e incluso la obligación de ser el amo y señor de esas personas. Su título de rey de los anglosajones

---

[i] Anglo-Saxons.net. (2023, 26 de agosto). *Edward the Elder.* Extraído de Early-Medieval-England: http://www.anglo-saxons.net/hwaet/?do=get&type=person&id=EdwardtheElder

podía justificar sus ataques contra el Danelaw, ya que podía decir que tenía la intención de anexionarse territorios donde se concentraban los anglosajones.

Dama de los mercios

Eduardo tenía una hermana llamada Ethelfleda. Fue una valiosa aliada del rey de Wessex.

Para comprender su relación política con Eduardo, debemos remontarnos al reinado de Alfredo el Grande. Mercia había sido repartida entre los anglosajones y los daneses tras la batalla de Edington, y los primeros controlaban la parte occidental de Mercia. Esa parte de Mercia quedó bajo el control de Etelredo, señor de los mercios. Este reconoció a Alfredo como su soberano.

La alianza entre Etelredo y Alfredo se formalizó con el matrimonio de Etelredo con la hija mayor de Alfredo, Ethelfleda. Etelredo fue un crucial aliado de Alfredo y ayudó a repeler los ataques vikingos en la década de 890. Cuando Etelredo murió en 911, Ethelfleda ocupó el lugar de su difunto marido y gobernó el territorio mercio.

Continuó la política de Etelredo de aliarse estrechamente con Wessex. Esa relación resultaría fundamental cuando Eduardo comenzó a realizar movimientos expansionistas hacia el Danelaw.

Ethelfleda fue un fenómeno en una época en la que hombres fornidos lo

Una ilustración de Ethelfleda[8]

gobernaban prácticamente todo. Fue una gobernante muy eficaz por derecho propio. Guillermo de Malmesbury, cronista anglonormando, fue efusivo en sus elogios hacia esta mujer. En su opinión, Ethelfleda era «una poderosa incorporación al partido de Eduardo, el deleite de sus súbditos, el temor de sus enemigos, una mujer de alma engrandecida»[i].

---

[i] "Order of Medieval Women". https://www.medievalwomen.org/aeligthelflaeligdnbsplady-of-the-mercians.html.

Guillermo de Malmesbury no fue el único que apreció la influencia y la autoridad de Ethelfleda. Los historiadores modernos la han comparado con Isabel I, y su estatura casi eclipsa a la de su hermano. Juntos, Ethelfleda y Eduardo formaban un dúo dinámico que daría pesadillas a los gobernantes del Danelaw.

Construir un baluarte

No sabemos mucho sobre el reinado de Eduardo desde la batalla de Holme hasta 906. Ese año tenía una tregua con los daneses, pero se rompió y los vikingos hicieron incursiones a lo largo del Severn. Estaba claro que Eduardo ya no podía confiar en sus vecinos.

Alfredo el Grande había creado una sólida línea defensiva, y Eduardo la mejoró. Ethelfleda se unió a él en las construcciones defensivas. Construyó o mejoró las defensas de Wednesbury, Bridgenorth, Tamworth, Stafford, Warwick, Cherbury y Runcorn. Los dos gobernantes crearon posiciones que podían reforzar las defensas del sur contra cualquier contraataque danés.

Eduardo permaneció ocupado. Envió un ejército a Northumbria en 909 y se apoderó de los huesos de san Oswaldo (que fue rey de Northumbria en el siglo VII) en Lincolnshire. Los daneses de Northumbria tomaron represalias con una incursión en Mercia. Los vikingos fueron recibidos por un ejército anglosajón en la batalla de Tettenhall, donde fueron derrotados. Después de Tettenhall, los daneses de Northumbria no volvieron a ir al sur del estuario del Humber, lo que permitió a Eduardo concentrarse en Anglia Oriental y los Cinco Burgos.

Lo interesante de lo que ocurrió en esos pocos años es que Eduardo animaba a los anglosajones a comprar tierras en territorio danés. Probablemente se trataba de un movimiento para solidificar su reclamación del territorio, ya que cada vez más anglosajones vivían en territorio danés.

Otra evolución se produjo en el combate. En los años anteriores, no era habitual que los anglosajones emprendieran campañas agresivas y ofensivas. En su lugar, confiaban en el Danegeld para mantener a los vikingos contentos y a distancia. Eduardo utilizó el Danegeld en ocasiones, pero se volvió más agresivo con el paso de los años. Neutralizó a los daneses de Northumbria, lo que supuso una importante victoria por sí solo. Las invasiones vikingas ya no tenían tanto éxito como antes.

Una ilustración de Eduardo el Viejo [9]

Ethelfleda también pasó a la ofensiva. Un ejército que envió en 917 a Derby le permitió hacerse con el control de un importante distrito del Danelaw. Esto se considera su mayor triunfo. El año 917 es también el año en que los daneses de Anglia Oriental se sometieron a Eduardo.

Ethelfleda tomó el control de Leicester en 918 y recibió la sumisión del ejército danés local. La gran dama murió en 918 y Mercia fue absorbida por Wessex.

Eduardo siguió construyendo fuertes en lugares como Towcester y Maldon. Sus ejércitos siguieron teniendo éxito contra las tropas danesas, llegando incluso a tomar Nottingham. La *Crónica anglosajona* de 918 decía lo siguiente sobre los logros de Eduardo: «Y todos los pueblos que se habían asentado en Mercia, tanto daneses como ingleses, se sometieron a él»[i].

Eduardo tenía el control efectivo de todas las tierras al sur del Humber. Northumbria seguía siendo disputada, pero Eduardo logró

---

[i] "Edward the Elder". http://www.anglo-saxons.net/hwaet/?do=get&type=person&id=EdwardtheElder.

mucho en pocos años. El concepto de Inglaterra como país unificado se hacía cada vez más realidad, gracias a los esfuerzos de Eduardo y Ethelfleda.

Letras y artes

Eduardo era un guerrero eficaz porque tenía que serlo. Mantener una corona en la Edad Media era un trabajo de 24 horas al día, 7 días a la semana, y necesitaba estar alerta ante cualquier posible amenaza. Esto no significaba que su reinado fuera solo batallas y asedios. Aunque Eduardo no tenía tantas inclinaciones académicas como su padre, fue instruido por los eruditos de la corte de su padre y era un hombre entendido.

No sabemos hasta qué punto siguió los programas de Alfredo el Grande para la reforma educativa, pero la escritura conocida como minúscula anglosajona, una forma de caligrafía utilizada en la Edad Media que hacía más reconocible el alfabeto latino, tiene sus primeras fases en el reinado de Eduardo. Sí sabemos que existían centros eruditos en Canterbury, Winchester y Worcester.

Los bordados a gran escala que se conservan realizados en la Inglaterra anglosajona se remontan al reinado de Eduardo. Estos artículos fueron extraídos del ataúd de san Cutberto, y fueron encargados por la segunda esposa de Eduardo.

Eduardo también fue responsable de la construcción de la Nueva Catedral de Winchester. Fue una abadía real que Eduardo encargó porque quería un edificio mucho más grandioso que el anterior.

Un rey poderoso

El éxito de Eduardo a la hora de someter a Inglaterra a su control queda ejemplificado en un pasaje de la *Crónica anglosajona*:

> «Entonces Eduardo se dirigió desde allí al Peak District, a Bakewell, y ordenó que se construyera un burgo en los alrededores y se dotara de personal. Y entonces el rey de los escoceses y todo el pueblo de los escoceses, y Raegnald y los hijos de Eadwulf y todos los que viven en Northumbria, tanto ingleses como daneses, nórdicos y otros, y también el rey de los galeses de Strathclyde y todos los galeses de Strathclyde lo eligieron como padre y señor»[i].

---

[i] Davidson, Michael R. (2001). "The (Non)submission of the Northern Kings in 920". En

Se ha discutido si esta parte de la *Crónica anglosajona* es exacta, pero hay pocas dudas de que, tras veinte años de campañas, Eduardo tenía el control absoluto de las tierras al sur del Humber y tenía a los daneses a contrapié.

El rey Eduardo el Viejo murió en 924 durante una campaña contra los galeses. Su sucesor, Athelstan, fue un rey tan competente como su padre y su abuelo.

Athelstan

Athelstan era hijo de Eduardo el Viejo y de la consorte del rey, Egwina. Athelstan sería un orgullo para su padre y está considerado como uno de los más grandes reyes de Inglaterra.

Athelstan continuó una tradición iniciada por Alfredo el Grande: servir como rey competente de Wessex. La reputación de esta monarquía era impresionante, y la historiadora medieval moderna Veronica Ortenberg se explayó sobre su estatus, del que gozaban incluso en ultramar.

> «Los reyes de Wessex arrastraban un aura de poder y éxito que los hizo cada vez más poderosos en la década de 920, mientras la mayoría de las casas continentales se encontraban en apuros militares y se enzarzaban en guerras intestinas de época. Mientras que las guerras civiles y los ataques vikingos en el Continente habían supuesto el fin de la unidad del imperio carolingio, que ya se había desintegrado en reinos separados, el éxito militar había permitido a Athelstan triunfar en casa e intentar ir más allá de la reputación de gran dinastía heroica de reyes guerreros, para desarrollar una ideología carolingia de la realeza».

La historiadora va más allá al afirmar que los gobernantes europeos consideraban a Athelstan como el nuevo Carlomagno. Los días de los débiles reyes anglosajones habían quedado atrás[i].

Higham, N. J.; Hill, D. H. (eds.). Edward the Elder, 899-924. Abingdon, Reino Unido: Routledge. págs. 200-211. ISBN 978-0-415-21497-1.

[i] Ortenberg, Veronica (2010). "The King from Overseas: Why did Æthelstan Matter in Tenth-Century Continental Affairs?". En Rollason, David; Leyser, Conrad; Williams, Hannah (eds.). England and the Continent in the Tenth Century: Studies in Honour of Wilhelm Levison (1876-1947). Turnhout, Bélgica: Brepols.

Un vitral del siglo XV de Athelstan[10]

La sucesión de Athelstan fue disputada. Su hermanastro, Elfweard, reclamó el trono y podría haberse producido una guerra civil. Afortunadamente para Athelstan, Elfweard murió pocas semanas después de la muerte de Eduardo el Viejo. Así, se evitó una guerra sangrienta.

Athelstan no corrió ningún riesgo en lo que respecta a su corona. Desterró a su hermano Edwin para evitar más controversias. (Algunos historiadores creen que huyó para evitar la ira de su hermano.) Edwin murió en un naufragio. Athelstan lamentó tener que obligar a su hermano a abandonar el reino. Sin embargo, hay que recordar que eran tiempos difíciles. Los vikingos del Danelaw seguían allí, al norte, y amenazaban la estabilidad de Wessex. Athelstan tenía la obligación, no solo consigo mismo, sino también con sus súbditos, de velar por un liderazgo estable del reino. Iba a cumplir con sus responsabilidades[i].

Todo o nada

Cerca de Harrogate se encontró un alijo de monedas del siglo X. Una moneda, en particular, llevaba una inscripción interesante: «Rex totius Britanniæ» («Rey de toda Britania»). Era de la época en que Athelstan era rey de Wessex, y describe mejor su objetivo final. Athelstan no quería ser solo el rey de los anglosajones. Athelstan deseaba gobernar toda Inglaterra, e iba a intentarlo.

Como cristiano devoto, Athelstan estaba probablemente cansado de la actitud de *laissez-faire* que los vikingos del Danelaw tenían hacia la conversión religiosa. En 926, entregó a una de sus hermanas a Sitric de Northumbria con la condición de que este se convirtiera al cristianismo. Sitric accedió, pero poco después del matrimonio volvió a adorar a los antiguos dioses nórdicos. Sitric murió al año siguiente y su primo, Gofraid de Ivar, intentó sucederle. Eso no era aceptable para Athelstan, así que expulsó al otro hombre[ii].

El rey anglosajón fue más allá. Athelstan capturó York. No se puede exagerar la importancia de esa conquista. Era la primera vez que un rey de Wessex se hacía con el control de un trozo de territorio septentrional. Recibió la sumisión del pueblo danés de York, lo que enfureció a otros habitantes de Northumbria, ya que no querían ser controlados por una potencia del sur.

Su indignación no importó. El 12 de julio de 927, en Eamont, el rey Constantino II de Alba (Escocia), el rey Hywel Dda de Deheubarth (Gales), Ealdred de Bamburgh y el rey Owain de Strathclyde (un reino escocés cercano al río Clyde) aceptaron a Athelstan como su señor. La idea de que un hombre fuera rey de Britania estaba cada vez más cerca de hacerse realidad.

---

[i] Ross, D. (2023, 26 de agosto). *King Æthelstan*. Extraído de Britainexpress.com: https://www.britainexpress.com/History/athelstan.htm

[ii] Erenow.net. (2023, 26 de agosto). *The Danelaw II*. Extraído de Erenow.net: https://erenow.net/postclassical/thevikingsahistory/12.php

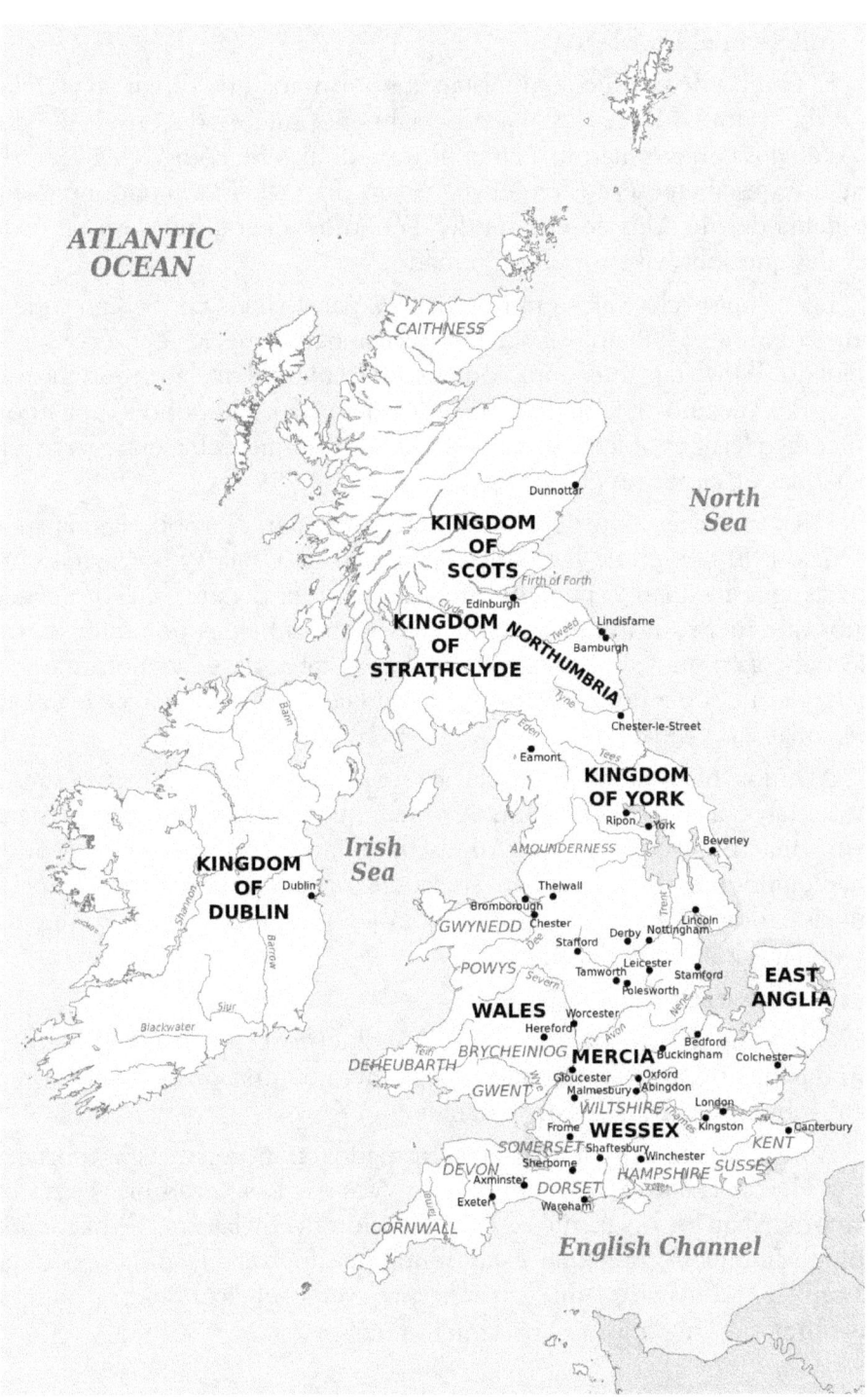

Un mapa de Gran Bretaña e Irlanda en el siglo X[11]

Athelstan el Legislador

El tiempo de paz dio a Athelstan la oportunidad de dirigir su atención a otros asuntos. El rey estaba especialmente interesado en el derecho. Los anglosajones tenían una larga historia de uso de códigos legales, y los estatutos estaban escritos en lengua vernácula. Athelstan continuó donde lo había dejado Alfredo el Grande. Tenemos un gran número de textos legales que sobrevivieron de su reinado.

Los asuntos clericales eran esenciales para Athelstan. Se cree que su edicto sobre el diezmo es la ley más antigua que se conserva de su reinado. Athelstan introdujo códigos que enfatizaban la importancia de pagar los diezmos a la iglesia. Se preocupaba por los pobres, por lo que su código legal establecía la cantidad de dinero que debía entregarse a las personas en situación de pobreza.

Las amenazas al orden social, en particular el robo, llamaron su atención. El código de leyes que promulgó en Grateley ordenaba duras penas, que incluían la pena de muerte para una persona mayor de doce años que fuera sorprendida en el acto de robar bienes por valor de más de ocho peniques. Athelstan elevaría más tarde la edad mínima de la pena de muerte a quince años porque creía que no era correcto matar a personas tan jóvenes.

Algunos historiadores modernos consideran que la legislación de Athelstan era demasiado dura, pero hay que recordar que el rey trataba con una población ruda. Athelstan estaba comprometido con el mantenimiento de un código social de orden, y era estricto con los funcionarios, exigiendo su respeto a la ley y esperando que cumplieran sus obligaciones con diligencia.

Administración

Athelstan trabajó para instituir un gobierno centralizado. Las cartas producidas durante su reinado muestran su compromiso con el control real sobre las actividades importantes.

Athelstan recurrió a consejos formados por personas importantes para ejercer la autoridad real fuera de Wessex. Estas asambleas sirvieron para derribar los obstáculos a la unificación de Inglaterra. El historiador John Maddicott creía que estas reuniones fueron el comienzo de las asambleas formales que resultaron ser «el verdadero, aunque involuntario, fundador del parlamento inglés»[i].

---

[i] Maddicott, John (2010). The Origins of the English Parliament, 924-1327. Oxford, Reino

Relaciones con la Iglesia

Athelstan fundó iglesias y realizó generosas donaciones a monasterios. Mantuvo una estrecha relación con la jerarquía eclesiástica y nombró obispos. Los que seleccionaba solían estar cerca de él. Elfego y Beornstan, sacerdotes que decían misa para su casa, fueron nombrados obispos de Wells y Winchester, respectivamente.

A Athelstan le gustaba coleccionar reliquias y era conocido por poseer una extensa colección. Donó reliquias y manuscritos a monasterios y era un devoto del culto a san Cutberto.

Aprendizaje

Athelstan imitó a su abuelo en su compromiso con el aprendizaje y la erudición eclesiástica. Su reputación de promotor de la educación atrajo eruditos a su corte. La corte fue un centro erudito para el renacimiento del estilo hermenéutico de la escritura latina. Un escriba desconocido al que los historiadores han bautizado como «Athelstan A» se encargó de redactar los estatutos. Su estilo de escritura se considera el mejor de la tradición anglosajona.

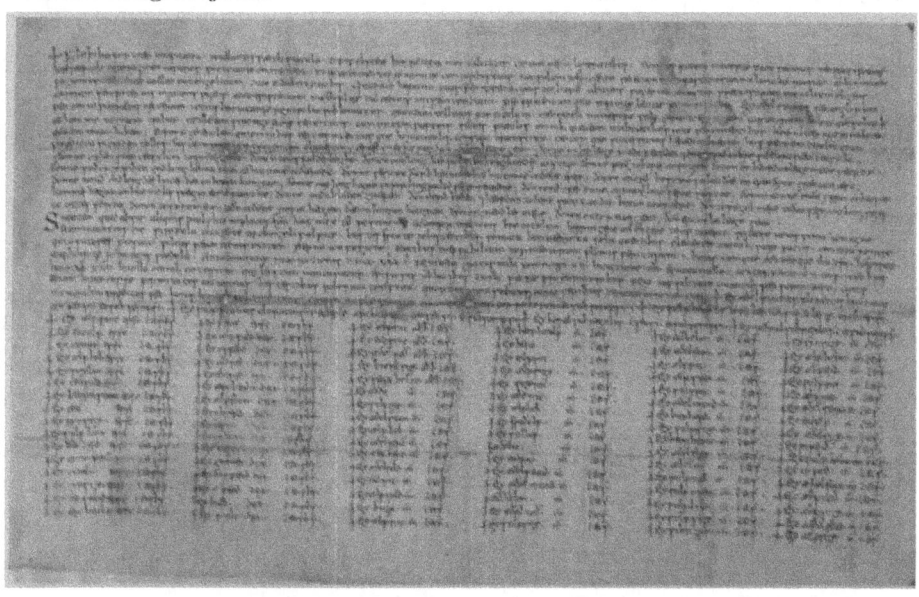

Un ejemplo de la escritura de «Athelstan A»[12]

Unido: Oxford University Press.

Problemas en Escocia

Athelstan se había convertido en el gobernante más poderoso de Inglaterra desde la época romana, pero su autoridad estaba sujeta a desafíos. Escocia renunció a su lealtad en 933, y Athelstan tuvo que responder. Reunió un gran ejército en Winchester en 934 y se dirigió al norte, hacia Escocia. Era una fuerza militar que no se había visto antes. Athelstan tenía un ejército montado y una fuerza naval que subió por la costa inglesa y se adentró en aguas escocesas hasta Caithness[i].

Athelstan pudo restablecerse, pero los problemas seguían gestándose. Los escoceses no habían terminado de molestar al rey.

El rey Constantino de Escocia forjó una alianza con Olaf de Dublín, a quien Athelstan había expulsado antes de York, y el rey Owen de Strathclyde en 937. Olaf asaltó Mercia, provocando que Athelstan marchara hacia el norte con su hermano, Edmundo[ii].

La batalla de Brunanburh

La batalla de Brunanburh se considera la mayor batalla individual de la historia anglosajona antes de la batalla de Hastings. Se desconoce el lugar del enfrentamiento, pero se ha sugerido la península de Wirral como campo de batalla. Lo que sabemos de la contienda es que la alianza celta/nórdica estaba atrincherada en el campo, y el ejército de Athelstan montó una carga de caballería directamente contra ellos. Los *Anales del Ulster* ofrecen una descripción de lo sucedido:

> «Una gran guerra, lamentable y horrible, se libró cruelmente entre los sajones y los nórdicos. Murieron muchos miles de nórdicos, aunque el rey Anlaf [Olaf Guthfrithson] escapó con unos pocos hombres. Mientras que un gran número de sajones cayeron también en el otro bando, Athelstan, rey de los sajones, fue enriquecido por el gran vencedor»[iii].

La *Crónica anglosajona* también registró la batalla en un largo poema que incluye estas líneas:

---

[i] Garner, T. (2018, 2 de enero). *Michael Wood on Æthelstan's "Great War" to Unite Anglo-Saxon England*. Extraído de Historyanswers.co.uk: https://www.historyanswers.co.uk/history-of-war/michael-wood-on-Æthelstans-great-war-to-unite-anglo-saxon-england/

[ii] Erenow.net. *El Danelaw II*.

[iii] English Monarchs. (2023, 23 de agosto). *The Battle of Brunanburh*. Extraído de Englishmonarchs.co.uk: https://www.englishmonarchs.co.uk/brunanburh.html

«Cinco reyes yacían en el campo de batalla, en la flor de la juventud, atravesados por las espadas. Así, siete de los condes de Anlaf; y de la tripulación del barco, las multitudes innumerables»[i].

Las bajas fueron probablemente exageradas. El resultado solidificó las fronteras septentrionales de Inglaterra y mantuvo a los celtas en el oeste. La importancia de la batalla de Brunanburh es que estableció, sin lugar a dudas, un reino unificado de Inglaterra. Athelstan tenía el control total de Wessex y Mercia.

Athelstan murió en 939 y le sucedió su hermano Edmundo, que heredó el título de «rey de los ingleses». Athelstan solo gobernó durante menos de una década, pero sus logros fueron impresionantes. Muchos historiadores consideran a Athelstan el padre de la Inglaterra medieval y moderna. Hay quienes se oponen a ello, pero casi todos admiten que Athelstan se compara favorablemente con Alfredo el Grande.

La reputación de Athelstan llegó más allá de las fronteras de su reino. Gozaba de gran prestigio en Europa y estableció buenas conexiones en el continente. Athelstan completó la labor iniciada por su abuelo y su padre. Su legado como guerrero capaz, administrador y defensor del aprendizaje es bien merecido.

Sin embargo, la historia de la Inglaterra anglosajona y los vikingos no ha terminado. Las pequeñas incursiones eran cada vez menos frecuentes, pero eso no significaba que la isla estuviera a salvo. La Inglaterra anglosajona iba a enfrentarse a una importante amenaza procedente del noroeste. Los desarrollos políticos en Escandinavia acabarían conduciendo a un imperio que era casi del tamaño del que gobernaba Carlomagno.

---

[i] English Monarchs. *The Battle of Brunanburh.*

Capítulo siete: Svend Forkbeard y Canuto el Grande

Hacia la catástrofe

Athelstan dejó un reino fuerte a su sucesor, Edmundo. La obra real de más de cincuenta años parecía casi concluida. Inglaterra era un país con una administración fuerte, un código legal algo justo (al menos para la época) y una economía que iba viento en popa. Todo parecía ir bien para la Inglaterra anglosajona. Sin embargo, había una regla que cumplir. Quien fuera rey podía serlo siempre que fuera capaz de proteger la corona. Y eso no siempre era una garantía.

Edmundo era un hombre joven cuando asumió el trono. El antiguo rey apenas estaba frío en su ataúd cuando Olaf de Dublín fue proclamado como rey de York. Sacó provecho de su nuevo título reclamando los Cinco Burgos que habían sido tomados inicialmente por Eduardo el Viejo. Olaf murió pocos años después y Edmundo pudo recuperar lo perdido.

Sin embargo, su éxito no garantizaba que todo fuera a desarrollarse con tranquilidad. El rey tuvo que sofocar una rebelión en Gales y también tuvo que hacer frente a una situación problemática en Escocia.

Aun así, Edmundo pudo mantener el señorío hasta que sobrevino el desastre. Edmundo murió en una reyerta y dejó hijos que eran demasiado jóvenes para gobernar. Su sucesor fue Edred, su hermano menor.

Edred tuvo que hacer frente a los problemas que surgieron en Northumbria. La situación era fluida, por no decir otra cosa. Los magnates de Northumbria aceptaron a Edred como rey, pero renegaron de esa promesa y juraron lealtad en su lugar a Erik Hacha Sangrienta. Edred respondió con una despiadada incursión en Northumbria. Aunque perdió una batalla en Castleford, Edred pudo coaccionar al pueblo de Northumbria para que renunciaran a Eric. Edred murió en 955 y le sucedió Edwy, el hijo mayor de Edmundo, que murió en 959.

Es importante señalar que los anglosajones tuvieron tres reyes en el lapso de veintidós años. Antes de eso, el pueblo tuvo tres reyes en 68 años. Los tres reyes posteriores estuvieron casi constantemente en guerra, intentando conservar sus posesiones y sofocando revueltas. Hubo muy poco tiempo para la estabilidad necesaria para alimentar una sociedad pacífica. El reino anglosajón que Athelstan legó a sus herederos se convirtió en un reino bastante inestable a los veinte años de su muerte.

Fin del Danelaw

Edred no vivió lo suficiente como para tener un impacto permanente en la historia anglosajona, pero durante su estancia en el trono se produjo un acontecimiento muy importante. Erik Hacha Sangrienta fue expulsado de York y el pueblo de Northumbria juró lealtad al rey anglosajón. El Danelaw ya no existía.

Difícilmente se podía culpar a los anglosajones si expresaban su beneplácito por este vecino del norte. El Danelaw era un puesto de avanzada vikingo en Inglaterra y una fuente potencial de problemas. Los tratados con los anglosajones se rompieron y nadie confiaba en los nórdicos de la frontera. El colapso final del Danelaw permitiría a los reyes anglosajones tener un mejor control sobre la tierra. Desde luego, habría menos problemas. O eso pensaban todos.

El reino se dividió en 957, con Edgar, hijo de Edmundo, gobernando Mercia y Edwy teniendo soberanía sobre Wessex. Edgar asumió la corona sobre toda Inglaterra cuando Edwy murió en 959.

El reinado de Edgar se diferenció de los anteriores porque no hubo incursiones vikingas mientras gobernó. Su reinado se consideró una época pacífica, sin amenazas externas ni problemas internos. Sin embargo, eso no iba a durar.

Su sucesor, Eduardo el Mártir, fue asesinado en 978. El hombre que tomó el relevo, Etelredo el Desprevenido, pasaría a la historia como un monarca que se enfrentó a retos extraordinarios que hacía años que no se veían en la Inglaterra anglosajona.

El reinado de Etelredo soportó las incursiones de los vikingos daneses. Estas incursiones comenzaron en la década de 980 y empeoraron gradualmente. Los ataques se produjeron a lo largo de toda la costa. Los más afectados por los asaltos fueron los condados de Cheshire, Thanet, Hampshire, Cornwell, Devon y Dorset. Los problemas de las incursiones se agravaron por culpa de los señores de Normandía, que permitieron a los merodeadores daneses refugiarse en su territorio. La intervención papal facilitó un tratado de paz en 991, pero eso no detuvo la violencia[i].

Batalla de Maldon

La batalla de Maldon sería conmemorada en un poema inglés antiguo titulado «La batalla de Maldon». Este conflicto fue un desastre para los anglosajones. Un ejército de vikingos noruegos se enfrentó a los sajones orientales dirigidos por el *ealdorman* Byrhtnoth en el río Blackwater, en Essex, en 991. Los vikingos estaban dirigidos por Olaf Tryggvason, que más tarde se convertiría en rey de Noruega.

Los vikingos estaban estacionados en una isla llamada Northey. Había una calzada que conducía a la isla. La batalla comenzó cuando la marea alta cubrió la calzada. Cuando el agua retrocedió, los vikingos pidieron que se les dejara cruzar para luchar en tierra firme. Los anglosajones accedieron a la petición y fueron derrotados tras la muerte de su comandante. Dejaremos que el lector decida si los anglosajones actuaron con cortesía o insensatez al permitir que los vikingos cruzaran[ii].

El retorno de los pagos del *danegeld*

Los historiadores señalan que Etelredo fue a menudo víctima de increíblemente malos consejos. Tras la derrota en Maldon, se aconsejó al rey que pagara tributo a los vikingos con la esperanza de que se conformaran con el dinero y se marcharan. Se calcula que el importe del tributo ascendió a 10.000 libras.

---

[i] Brain, J. (2023, 27 de agosto). *King Æthelred The Unready*. Extraído de Historic-uk.com: https://www.historic-uk.com/HistoryUK/HistoryofEngland/Æthelred-The-Unready/

[ii] E. H. Seigfried, K. (2015, 6 de noviembre). *The Battle of Maldon*. Extraído de The Norse Mythology Blog: https://www.norsemyth.org/2015/11/the-battle-of-maldon.html

Parece que nadie se molestó en consultar los libros de historia para determinar si los vikingos respetarían realmente esos acuerdos. Los vikingos no siguieron los términos del acuerdo y los ataques continuaron a lo largo de la costa. Londres fue asaltada por una gran flota vikinga en 994. Esa flota fue un esfuerzo combinado dirigido por Olaf Tryggvason, el vencedor de Maldon, y el rey danés Svend Forkbeard.

Estados-nación escandinavos

La tierra de los vikingos cambió. Ya no era un lugar donde los clanes se enfrentaban en luchas sangrientas y las disputas se resolvían con juicios por combate. El norte se estaba «civilizando».

Svend Forkbeard procedía del estado-nación de Dinamarca. Era hijo del rey danés Harald «Diente Azul», a quien se atribuye la conversión de Dinamarca al cristianismo. Svend no era un cristiano devoto, pero lo aceptó por razones políticas, al tiempo que toleraba las antiguas creencias paganas.

Svend era un hombre ambicioso que forjó su propia suerte. Lideró una exitosa rebelión contra su padre; Harald murió durante la revuelta. Svend asaltó Londres con Olaf Tryggvason, pero se volvió contra su antiguo aliado unos años más tarde y ayudó a derrotar a Olaf en la batalla de Svolder en el año 1000. La victoria permitió a Svend obtener una parte de Noruega como gobernante directo y otras partes del país como señor feudal[i].

Limpieza étnica medieval

Las incursiones en Inglaterra continuaron. Hampshire, Sussex y Dorset fueron saqueados en 997. Etelredo consiguió otra tregua con los vikingos por un pago de 24.000 libras en 1001, pero sin duda se trataba de un acuerdo temporal. El rey era consciente de que los vikingos volverían.

Etelredo el Desprevenido necesitaba vigilar sus espaldas. Podía existir una quinta columna en los territorios de la antigua Danelaw, cuyos habitantes probablemente eran más leales a sus lazos de sangre que a la corona. El rey recibió información que sugería que los daneses estaban conspirando para matarlo a él y a sus consejeros. Entonces, Etelredo decidió golpear primero. El 13 de noviembre de 1002, el rey ordenó la

---

[i] English History. (2023, 27 de agosto). *Sweyn Forkbeard*. Extraído de Englishhistory.net: https://englishhistory.net/vikings/sweyn-forkbeard/

masacre de todos los daneses que vivían en el reino.

No hay constancia de cuántas personas fueron asesinadas exactamente. Una historia registrada en una carta de 1004 cuenta que unas familias danesas de Oxford irrumpieron en una iglesia en busca de santuario y que la población local incendió la iglesia y quemó a los daneses que estaban dentro.

Etelredo justificó sus acciones alegando que el decreto había sido emitido por consejo de sus principales hombres. De ser así, fue un consejo que tuvo consecuencias aterradoras.

Gunnhild, la hermana de Svend Forkbeard, fue una de las víctimas en Oxford. Svend enardeció por la noticia y, en represalia, saqueó Exeter. Siguió acosando a Wessex y destruyendo Wilton[i].

Rey de Inglaterra

Las incursiones vikingas se intensificaron. Probablemente Svend ya no intentaba vengar la muerte de su hermana, sino que buscaba el control permanente de Inglaterra. Invadió Inglaterra en 1013 y finalmente obligó a Etelredo a huir para salvar la vida. Svend fue declarado rey de Inglaterra, pero murió pocas semanas después, el 3 de febrero de 1014.

Etelredo regresó del exilio y expulsó a los seguidores de Svend, pero entonces se vio obligado a hacer frente a una importante invasión vikinga. Asediado y con escaso apoyo militar, Etelredo murió el 23 de abril de 1016. Vivió para ver a Canuto, el hijo de Svend, llegar a Inglaterra con una fuerza masiva. Sin embargo, no vivió para ver lo que Canuto logró[ii].

La reputación histórica de Etelredo el Indeciso se ha rehabilitado ligeramente en los últimos años. En retrospectiva, parece que el rey fue víctima de unas circunstancias que no fueron fáciles de manejar, y que recibió algunos consejos muy pobres de sus consejeros. Su reinado fue el más largo de todos los reyes anglosajones, y hubo algunos logros. Por desgracia, estos se ven a menudo ensombrecidos por sus constantes problemas con los vikingos daneses.

---

[i] Cavendish, R. (2002, noviembre). *The St. Brice's Day Massacre.* Extraído de History Today: https://www.historytoday.com/archive/st-brice%E2%80%99s-day-massacre

[ii] Brain, J. *King Æthelred The Unready.*

Una ilustración de Etelredo el Indeciso[13]

A Etelredo le sucedió su hijo Edmundo Ironside (también conocido como Edmundo II), que gobernó brevemente. A la muerte de Edmundo, el nuevo rey fue alguien considerado como uno de los monarcas más poderosos de la Edad Media.

Canuto (Cnut) el Grande

Canuto era hijo de Svend Forkbeard y nació alrededor del año 990, aunque se desconoce la fecha exacta. Se convertiría en uno de los gobernantes más importantes de la Edad Media, ya que fue rey de Inglaterra, Dinamarca y Noruega. Su reino unido sería conocido como el Imperio del mar del Norte.

Canuto fue el último rey vikingo destacado. La era de los incursores marítimos estaba llegando a su fin y pronto sería sustituida por estados-nación con políticas exteriores que no incluían otras zonas para obtener botines. Canuto era un cristiano que utilizó su religión para favorecer sus propios fines.

Un dibujo del rey Canuto[14]

Acompañó a su padre en 1013, cuando Svend invadió Inglaterra por última vez. Los dominios de Svend fueron divididos a su muerte en 1014, y su otro hijo, Harald II, se convirtió en rey de Dinamarca. Olaf II fue coronado rey de Noruega.

Canuto no fue nombrado automáticamente rey de Inglaterra; los ingleses optaron por restaurar a Etelredo en el trono. Eso no sentó bien a Canuto, que había contado con los juramentos de lealtad prestados por los nobles anglosajones. Su ejército era demasiado pequeño para luchar contra Etelredo, así que Canuto navegó de vuelta a Dinamarca. Sin embargo, antes de abandonar las aguas inglesas, Canuto masacró a los rehenes que habían sido entregados a su padre como prenda de lealtad. El joven dejaba claro a los anglosajones que estaba enfadado y que buscaría su venganza posteriormente.

Harald II no se sentía cómodo teniendo a Canuto en Dinamarca. Para apartar a su hermano menor, Harald se ofreció a apoyar una invasión de Inglaterra con la condición de que Canuto renunciara a cualquier pretensión al trono danés. Canuto sabía que Inglaterra era un premio mayor que Dinamarca, así que aceptó la oferta de Harald.

Una llegada salvaje

Canuto reunió un ejército de diez mil hombres y su fuerza de ataque desembarcó en Wessex, región que pudo someter sin grandes dificultades. Fue apoyado en su invasión por Eadric Streona, el *ealdorman* de Mercia, que desertó de Etelredo.

Canuto quería vengarse de quienes lo habían traicionado. Se dirigió al norte de Northumbria, la arrolló y ejecutó al *ealdorman*, Uhtred. La muerte de Uhtred fue su castigo por romper su juramento de lealtad a Svend.

Canuto continuó su guerra de conquista sitiando Londres en 1016. Pronto empezó a tratar con el sucesor de Etelredo, Edmundo Ironside. Tras ganar la batalla de Assandun en octubre de 1016, Canuto negoció con Edmundo.

El resultado fue una división de Inglaterra que dio Wessex a Edmundo y el resto de Inglaterra a Canuto. Edmundo murió en enero siguiente, lo que convirtió a Canuto en el gobernante de toda Inglaterra. Canuto celebró su sucesión ejecutando a los nobles que habían violado su juramento de fidelidad a su padre y confiscando las propiedades de otros malhechores. Esas tierras fueron repartidas entre sus soldados y otros seguidores leales. Canuto quiso matar a los hijos pequeños de Edmundo Ironside, pero estos pudieron huir y obtener asilo en Hungría[i].

---

[i] Mingren, W. (2020, 21 de mayo). *Cnut the Great: The Myth, the Man, and the Multi-National Viking Monarch*. Extraído de Ancient Origins: https://www.ancient-origins.net/history-famous-people/cnut-great-0013741

El rey inglés

El reinado de terror de Canuto había terminado y se puso manos a la obra como monarca. Dividió Inglaterra en cuatro condados.: Northumbria, Mercia, Wessex y Anglia Oriental. Se casó con Emma, la viuda de Etelredo el Indeciso, en 1017, neutralizando así cualquier desafío a su realeza que pudiera provenir de los hijos supervivientes de Etelredo[i].

Canuto no quería más problemas en Inglaterra. Retiró la flota vikinga de treinta barcos en 1018 y decidió llegar a un acuerdo con el ejército que lo había seguido desde Dinamarca. El acuerdo fue sencillo: Canuto les pagó utilizando el sistema de impuestos que ya estaba en vigor. El nuevo rey también recaudó 82.500 libras para pagar al ejército y los envió de vuelta a Dinamarca. Canuto redujo su flota naval a cuarenta barcos para llevar la paz y la estabilidad al reino.

Canuto convocó un consejo de anglosajones y daneses. Se llegó a un acuerdo por el que todos debían vivir en paz y Canuto gobernaría basándose en las leyes y tradiciones vigentes antes de su llegada[ii].

Todas estas acciones demostraron que Canuto era algo más que un pirata merodeador. Utilizó el arte de gobernar en lugar del camino de la guerra para consolidar el control sobre su reino. Inglaterra fue un reino pacífico durante su reinado. Eso era importante porque Canuto tenía una nueva oportunidad que perseguir.

Harald II murió en 1018, y Canuto regresó a Dinamarca para reclamar el trono vacante. Dejó tras de sí una carta dirigida a la nación inglesa, en la que advertía a todos que se comportaran en términos inequívocos:

> «Si alguien, eclesiástico o laico, danés o inglés, es tan presuntuoso como para desafiar la ley de Dios y mi autoridad real o las leyes seculares, y no se enmienda y desiste según la dirección de mis obispos, ruego y también ordeno al conde Thurkil que, si puede, haga que el malhechor haga lo correcto. Y si no puede, entonces es mi voluntad que, con el poder de ambos, lo destruya en la

---

[i] Parker, E. (2016, octubre). *Cnut: The Great Dane*. Extraído de History Extra: https://www.historyextra.com/period/anglo-saxon/king-cnut-danish-why-called-great-rule-england-success/

[ii] Abernethy, S. (2014, 24 de enero). *Cnut England's Danish King*. Extraído de The Freelance History Writer: https://thefreelancehistorywriter.com/2014/01/24/cnut-englands-danish-king/

tierra, o lo expulse de ella, sea de alto o bajo rango. Y es mi voluntad que toda la nación, eclesiástica y laica, observe firmemente las leyes de Edgar, que todos los hombres han elegido y jurado en Oxford»[i].

Canuto hablaba con la autoridad de un hombre que esperaba ser obedecido por sus súbditos. Su comportamiento anterior daba una buena indicación de lo que haría si alguien intentaba llevarle la contraria.

Política interna

Canuto podía ser razonablemente hábil en política real. En lugar de rodearse de daneses, permitió que los anglosajones ocuparan cargos importantes, como los condados de Wessex y Mercia. Canuto no tardó en despedir a las personas que no estaban a la altura de sus expectativas. Thorkell el Alto, a quien Canuto puso inicialmente al frente de Anglia Oriental, fue proscrito en 1021.

Canuto reconocía la importancia de la Iglesia cristiana. Daba todas las apariencias externas de ser devoto, pero hay que recordar que era un gobernante pragmático. Sabía que la aprobación de la Iglesia le sería de gran ayuda. Mantuvo buenas relaciones con la jerarquía eclesiástica. Las donaciones reales a la iglesia, incluidas las exenciones fiscales y las concesiones de tierras, fueron generosas. Canuto hizo grandes donaciones de dinero a la iglesia y fue benefactor de monasterios. Sus acciones sugieren que fue capaz de atar a la iglesia cerca de él para no tener que preocuparse por los problemas procedentes de los obispos.

Viaje a Roma

Canuto viajó a Roma en 1027 para asistir a la coronación de Conrado II como emperador del Sacro Imperio Romano Germánico. Esto le permitió conocer a Conrado y demostrar a los demás que era un cristiano piadoso y un devoto seguidor de la Iglesia cristiana.

Según todos los indicios, Canuto causó una gran impresión. Tuvo la oportunidad de hacer algunos favores a sus súbditos durante su estancia en Roma. A los peregrinos ingleses se les redujo el impuesto de peaje y se los protegió en su camino a Roma.

Problemas en Escandinavia

Mientras las cosas estaban relativamente tranquilas en Inglaterra, había algunas dificultades en Escandinavia que Canuto necesitaba

---

[i] Trow, M. J. (2005), *Cnut - Emperor of the North*, Stroud: Sutton.

resolver. Abandonó Dinamarca y puso al frente a un cuidador, Ulf Jarl. En ese momento, Ulf Jarl fue nombrado conde de Dinamarca (Ulf era también cuñado de Canuto).

Los problemas con Suecia y Noruega hicieron que Canuto regresara a Escandinavia. Derrotó a suecos y noruegos en la batalla de Helgeå en 1025. Canuto también tenía un asunto familiar que resolver. Se cree que Ulf Jarl traicionó a Canuto. Aunque Ulf acabó volviendo para apoyar a Canuto, el rey no perdonó del todo la traición. Finalmente ordenó el asesinato de Ulf. Este fue asesinado en una iglesia.

Canuto avanzó contra Noruega. Olaf II había ocupado el trono en 1016 y Canuto quería recuperarlo. En 1028, Canuto consiguió expulsar a Olaf II de su trono. El intento de Olaf de recuperar su trono fracasó. Canuto era ahora el rey de Noruega, Inglaterra y Dinamarca.

Dueño de todo lo que inspeccionaba

Canuto tenía autoridad sobre Inglaterra, Dinamarca, Noruega, partes de Suecia y algunas zonas de Escocia e Irlanda. Era un mecenas de la poesía nórdica antigua, y su esposa Emma era una mecenas de la literatura. Su corte era multinacional y tenía fama de ser un monarca sabio y hábil.

Canuto fue también objeto de una leyenda popular que se recogió años más tarde en la Historia Anglorum (*Historia de los ingleses*). Canuto tuvo que escuchar muchos halagos de la corte y quiso demostrar lo vanas que eran sus palabras. Lo hizo de una forma única.

Cansado de que le dijeran lo grande y poderoso que era, Canuto ordenó que colocaran una silla en la orilla del mar mientras subía la marea. Se sentó en la silla, pronunció que era el señor del mar y ordenó a las olas que dejaran de rodar sobre su tierra. Naturalmente, las olas desobedecieron y siguieron entrando, empapando las piernas del rey. Canuto saltó hacia atrás y declaró que el poder de los reyes terrenales era vacío y que solo Dios podía mandar sobre las olas. Existen varias versiones de esta historia, pero el relato demuestra que Canuto era lo suficientemente inteligente como para conocer sus limitaciones y recordó a sus cortesanos que sus bonitas palabras no lo conmovían fácilmente.

Canuto murió el 12 de noviembre de 1035, en Shaftesbury. Su imperio se desmoronó rápidamente. Harold I (Harold Harefoot) le sucedió en Inglaterra. Harthacnut subió al trono en 1040, y en 1042, Eduardo el Confesor fue coronado rey.

La coronación de Canuto mostró la integración definitiva de daneses y anglosajones en Inglaterra. La nación ya no estaba dividida entre un grupo y otro, sino que era un país unificado. Tenía una tradición jurídica, cultural y literaria que hizo que Inglaterra se distinguiera del resto de Europa.

Aún queda un capítulo por escribir sobre los vikingos y los anglosajones. Esta vez, los descendientes de los incursores marinos originales ocuparon el centro del escenario.

Capítulo ocho: Stamford Bridge y Hastings

La Inglaterra anglosajona tenía la peculiar costumbre de canonizar a monarcas apenas competentes. Edmundo el Mártir, Eduardo el Mártir y Eduardo el Confesor eran conocidos por llevar vidas muy piadosas, pero tener poca idea de cómo gestionar la política real. Eran santos en una época en la que la Inglaterra anglosajona necesitaba pecadores pragmáticos. El pueblo llano sufriría por la falta de un liderazgo estable.

Eduardo el Confesor era hijo de Etelredo el indeciso. Nació en una época en la que los daneses se estaban imponiendo en Inglaterra y Etelredo apenas podía mantenerse en el poder. Eduardo se vio obligado a huir con su madre, Emma, a Normandía después de que Svend Forkbeard ocupara el trono. Eduardo pasó la mayor parte de su infancia viviendo en el exilio en Normandía. Contaba con el apoyo de muchas personas que consideraban que Eduardo tenía un derecho legítimo al trono. Uno de sus partidarios fue Roberto I, duque de Normandía, que llegó a intentar una invasión para poner a Eduardo en el trono[i].

Política familiar sangrienta

Cuando Svend murió, Etelredo fue invitado a volver a gobernar. Eduardo lo acompañó. Etelredo murió en 1016, y su hijo, Edmundo Ironside, tomó el poder. Murió ese mismo año y Canuto tomó el poder.

---

[i] Brain, J. (2023, 29 de agosto). *Edward the Confessor*. Extraído de Historic-uk.com: https://www.historic-uk.com/HistoryUK/HistoryofEngland/Edward-The-Confessor/

Eduardo se exilió con sus hermanos, pero las cosas pronto se volvieron extrañas.

Canuto convenció a Emma, la viuda de Etelredo, para que se casara con él. Del matrimonio nació Harthacnut, que se convirtió en rey de Dinamarca a la muerte de Canuto. Harold Harefoot, hermanastro de Harthacnut, se convirtió en rey de Inglaterra (Canuto había matado al último hermanastro mayor superviviente de Eduardo, Edwy). Harthacnut reunió una flota para invadir Inglaterra en 1039. Emma apoyó a Harthacnut para el trono frente a Eduardo, a pesar de que este era hijo suyo con Etelredo el indeciso. Sin embargo, Harthacnut murió antes de que pudiera comenzar la invasión. Harthacnut sucedió a Harold Harefoot como rey de Inglaterra en 1040.

Este carrusel de sucesiones es suficiente para marear a una persona. Lo importante es que Harthacnut era hijo de Canuto, mientras que Eduardo era hijo del último rey anglosajón de Wessex. Harthacnut invitó a Eduardo a regresar a Inglaterra en 1041, y Eduardo fue visto como el eventual sucesor. Harthacnut murió el 8 de junio de 1042.

El pueblo inglés favoreció a Eduardo para que se convirtiera en el siguiente monarca. En palabras de la *Crónica Anglosajona*, «Antes de que él [Harthacnut] fuera enterrado, todo el pueblo eligió a Eduardo como rey en Londres»[i]. Eduardo se vengó de su madre por su falta de apoyo al año siguiente. La despojó formalmente de sus bienes, y ella se desvaneció de la historia, muriendo finalmente en 1052.

Las controversias que comenzaron con la muerte de Canuto y terminaron con la coronación de Eduardo ponen de manifiesto la discordia y la confusión que rodeaban a la corona inglesa en aquellos años. Los hermanastros ocupaban el trono y mataban a otros hermanastros para conservarlo. Aparentemente, no había lealtad dentro de la familia real, y un pariente trataba al otro como un grave enemigo. Un ejemplo es lo que le ocurrió a Alfredo, hermano de Eduardo. Fue brutalmente asesinado por Harold Harefoot a pesar de ser hermanastro del rey.

Godwin de Wessex

El poder detrás del trono durante casi la mitad del reinado de Eduardo el Confesor fue Godwin de Wessex. Desempeñó un papel

---

[i] Giles, J.A. (1914). *La crónica anglosajona*. Londres: G. Bell and Sonson. pág. 114.

principal en la maquiavélica política de la Inglaterra del siglo XI. Canuto nombró a Godwin conde de Wessex en 1018. Godwin fue responsable de la muerte del hermano de Eduardo, Alfredo, porque entregó a este a Harold Harefoot.

Lo que mantuvo vivo a Godwin fue el inmenso poder que poseía. Wessex era un condado dominante, y Godwin era un hombre rico. La verdadera lealtad del conde era hacia sí mismo, y aunque inicialmente fue partidario de Harthacnut, hábilmente cambió de bando para aliarse con Eduardo el Confesor. Esa relación se afianzó en 1045, cuando la hija de Godwin, Edith, se casó con el rey Eduardo[i].

Eduardo se quejaba del dominio de Godwin, y las tensiones llegaron a un punto crítico en 1051. Eduardo nombró arzobispo de Canterbury a un normando llamado Robert de Jumièges. Un enfrentamiento en Dover llevó a Eduardo a ordenar a Godwin, que también era conde de Kent, que castigara a la ciudad, pero Godwin se negó. Los dos hijos de Godwin, Svend y Harold, levantaron un ejército de sus vasallos y amenazaron Gloucester, donde Eduardo celebraba su corte. Los aliados de Eduardo levantaron otro ejército para contrarrestar esa fuerza. Se evitó una crisis cuando se acordó que la reunión del consejo real, el *Witan*, se convocaría más tarde en Londres.

Eduardo decidió presionar su ventaja y convocó a todas las milicias de Inglaterra. Los propios hombres de Godwin se vieron obligados a formar parte de esa leva, y sus hijos huyeron a Flandes e Irlanda. Eduardo fue más lejos en la ruptura de relaciones con la familia Godwin al enviar a Edith a un convento.

Godwin regresó en 1052 con un ejército. Eduardo se vio obligado a restituir a Godwin y a sus hijos en sus propiedades, y Edith fue restaurada como reina. Todo parecía ir bien para Godwin cuando ocurrió algo inesperado.

En un banquete real en Winchester, Godwin negó haber tenido algo que ver con la muerte de Alfredo, ocurrida años antes. La *Crónica anglosajona* relata la historia:

> «El Lunes de Pascua, mientras estaba sentado con el rey en una comida, se hundió de repente hacia el escabel, privado del habla y de todas sus fuerzas. Entonces lo llevaron a la habitación

---

[i] Zimmerman, M. (2023, 29 de agosto). *Earl Godwin, The Lesser Known Kingmaker*. Extraído de Historic-uk.com: https://www.historic-uk.com/HistoryUK/HistoryofEngland/Earl-Godwin/

privada del rey y pensaron que estaba a punto de pasar a mejor vida. Pero no fue así. Al contrario, continuó así, sin habla ni fuerzas hasta el jueves y luego partió de esta vida»[i].

Godwin había muerto. Su familia seguía siendo una fuerza poderosa en Inglaterra, pero no tenía control sobre Eduardo el Confesor. Sin embargo, el sucesor de Godwin como conde de Wessex, Harold Godwinson, era un señor influyente, y sus hermanos ocupaban puestos de autoridad en Inglaterra en el momento de la muerte de Eduardo el Confesor.

La conexión normanda

Algunos de los problemas que Eduardo el Confesor tuvo con el conde de Wessex procedían de la creciente influencia de los normandos en la corte de Eduardo. Eduardo vivió bajo la protección de los duques de Normandía durante años, y el rey inglés no había olvidado esta amabilidad. Roberto de Jumièges, que era normando, fue consejero del rey antes de ser nombrado arzobispo de Canterbury. Eduardo nombró a normandos alguaciles en Inglaterra.

No tenemos una idea clara de cuánta influencia tenían exactamente los normandos en la corte de Eduardo. Sin embargo, no cabe duda de que la presencia de normandos era suficiente para que Godwin y sus hijos se mostraran recelosos. La preocupación estaba bien fundada porque los normandos pronto desempeñarían un papel importante en la sucesión real.

Los últimos años

El reinado de Eduardo tras la muerte de Godwin incluyó vigorosas campañas contra los escoceses y los galeses. Sin embargo, pareció retirarse de la política activa para dedicarse a la caza. Su reputación como hombre religiosamente devoto incluye la finalización de la abadía de Westminster, una joya de su corona.

Aunque Eduardo tenía profundas convicciones religiosas, seguía siendo un rey y tenía que proteger su trono. Por eso, incurrió en acciones duras, como ordenar el asesinato de un príncipe galés. Los muchos años de exilio de Eduardo lo privaron de la capacidad de crear una base de poder, por lo que estaba en desacuerdo con los condes de

---

[i] Douglas, David C. (1990) William the Conqueror: The Norman Impact Upon England London: Pág. 412.

su reino.

Un problema importante fue su sucesión. Eduardo no tenía hijos y no dio ninguna indicación clara de quién sería su sucesor, lo que constituyó un error considerable. En opinión del historiador Stephen David Baxter, la «gestión de Eduardo de la cuestión sucesoria fue peligrosamente indecisa, y siguió siendo una de las mayores catástrofes a las que han sucumbido los ingleses»[i].

El 5 de enero de 1066, fue el principio del fin de la Inglaterra anglosajona. Eduardo el Confesor murió ese día y puso en marcha los acontecimientos que terminarían con una batalla decisiva librada en la costa sur inglesa. Al día siguiente, el 6 de enero, el *witan* proclamó a Harold Godwinson nuevo rey de Inglaterra. Era cuñado del difunto rey. Era un conde muy competente y poderoso, lo que bastó para que el *witan* lo nombrara rey.

El reclamante vikingo

Hubo un pretendiente al trono en Escandinavia. El noruego Harald Haardrade es celebrado como el último gran vikingo. Era el hermano menor del rey Olaf II de Noruega y fue un guerrero comprometido.

Luchó con su hermano en la batalla de Stiklestad en 1030 contra Canuto. Olaf murió en el combate y Harald escapó a duras penas. Después se convirtió en mercenario profesional y sirvió con distinción en el Imperio bizantino y para la Rus de Kiev.

Harald Haardrade regresó a Noruega en 1046 y arrebató el trono a su ocupante, Magnus I. Harald pasaría años luchando por mantener el control de Dinamarca, pero fracasó en su empeño. Harald empezó a fijarse en Inglaterra como una posible conquista[ii].

Harald era un pariente lejano de Canuto, pero no tenía lazos de sangre directos con la corona inglesa. Tendría que apoderarse de Inglaterra por conquista. Una disputa interna mejoró sus posibilidades de hacerlo.

---

[i] Baxter, Stephen (2009). "Edward the Confessor and the Succession Question". En Mortimer, Richard (ed.). Edward the Confessor: The Man and the Legend. Woodbridge: Boydell Press.

[ii] Dr. Jessica Nelson, P. (2016, 5 de enero). *The death of Edward the Confessor and the conflicting claims to the English Crown.* Extraído de History.blog.gov.uk: https://history.blog.gov.uk/2016/01/05/the-death-of-edward-the-confessor-and-the-conflicting-claims-to-the-english-crown/

Tostig Godwinson era el hermano del nuevo rey de Inglaterra, Harold Godwinson. Una vez conde de Northumbria, Tostig fue derrocado como conde por rebeldes que recibieron el apoyo de Harold (Harold estaba convencido de que Tostig no podría conservar Northumbria). Tostig se acercó a Harald con la propuesta de que ocupara el trono de Inglaterra y restaurara a Tostig en su condado. Harald aceptó la idea y comenzó a reunir una flota en la primavera de 1066. Zarpó de Noruega tras nombrar a su hijo, Magnus, su sucesor.

El rey noruego desembarcó en Inglaterra el 18 de septiembre de 1066, con aproximadamente quince mil soldados. Se reunió con Tostig y ambos emprendieron la marcha hacia el sur. Todo parecía estar a su favor porque, en ese momento, Harold Godwinson estaba anticipando una invasión desde Normandía y se encontraba en la costa sur.

Harald devastó Scarborough, se apoderó de York y obtuvo una victoria en Fulford. Harald cometió el error de esperar a que York le presentara rehenes. Confiaba en que Harald no pudiera responder eficazmente. Harald Haardrade se equivocó[i].

Puente de Stamford

Sorprendentemente, Harold dirigió una marcha forzada desde el sur de Inglaterra para enfrentarse a la fuerza invasora en solo cuatro días. El 25 de septiembre de 1066, Harold sorprendió a Tostig y Harald en Stamford Bridge. Los vikingos habían dejado la mayor parte de su armadura en sus barcos. El ejército de Harold embistió cuesta abajo contra el enemigo y acabó rompiendo el muro de escudos vikingo.

El resultado fue una masacre. Miles de vikingos murieron mientras se apoderaba de ellos la confusión. Tanto Harald como Tostig murieron en la lucha. De la flota original de trescientos barcos, solo se necesitaron veinticuatro naves para llevar a los vikingos supervivientes de vuelta a Noruega. La victoria del rey Harold fue absoluta[ii].

Stamford Bridge fue la última batalla librada por los vikingos en suelo inglés. Marcó el final del interés vikingo por Inglaterra como lugar de saqueo o conquista. Inglaterra ya no formaba parte de la política

---

[i] Neill, C. (2023, 17 de abril). *Who Was Harald Hardrada? The Norwegian Claimant to the English Throne in 1066*. Extraído de Historyhit.com: https://www.historyhit.com/1066-harald-hardraada-lands-england/.

[ii] Castelow, E. (2023, 29 de agosto). *The Battle of Stamford Bridge*. Extraído de Historic-uk.com: https://www.historic-uk.com/HistoryMagazine/DestinationsUK/The-Battle-of-Stamford-Bridge/

escandinava y su orientación se centraría cada vez más en la Europa continental. Aunque la batalla quedaría eclipsada por la contienda que tuvo lugar unas semanas más tarde, la batalla de Stamford Bridge marca un punto de inflexión en la historia inglesa.

Hastings

El protagonista del drama de 1066 fue Guillermo de Normandía, también conocido en esta época como Guillermo el Bastardo. Se afirma que Eduardo el Confesor eligió a Guillermo para ser su sucesor, aunque no hay pruebas fehacientes de que esto sucediera. Sin embargo, Guillermo sí tenía una conexión con el trono inglés. Era nieto del tío materno de Eduardo, Ricardo II de Normandía.

El tapiz de Bayeux narra la historia de la batalla de Hastings. Guillermo de Normandía creía que era el heredero legítimo del trono inglés porque en 1051, o eso afirmaba Guillermo, Eduardo el Confesor se lo había prometido.

El tapiz de Bayeux también cuenta otra historia. Harold naufragó en la costa normanda en 1064 y poco después se convirtió en huésped de Guillermo de Normandía. Según el relato del tapiz de Bayeux, Harold prestó juramento de fidelidad a Guillermo y prometió apoyar la pretensión de este al trono.

El lado normando de los acontecimientos afirma la traición de Harold, que ignoró su compromiso jurado, dando a Guillermo el derecho a luchar por lo que era suyo. Guillermo zarpó hacia Inglaterra el 27 de septiembre y desembarcó en Pevensey.

Harold realizó una asombrosa exhibición de arte de guerra y liderazgo. A pesar de haber hecho marchar a sus hombres a través de Inglaterra en cuestión de días y de haber derrotado a un enemigo importante, Harold dio media vuelta y marchó con su ejército hacia el sur.

Lo que hace que esta marcha sea excepcional son las condiciones en las que los anglosajones se desplazaron hacia el sur. Las condiciones del camino eran más duras que las de las peores carreteras por las que viajamos hoy en día. Es un testimonio de la profesionalidad del ejército de Harold que sus tropas llegaran a Londres el 6 de octubre, solo once días después de la victoria en Stamford Bridge, y se pusieran en marcha unos días más tarde, rumbo a Hastings.

La batalla tuvo lugar el 14 de octubre, 1066. A pesar de varias embestidas de caballería, Guillermo no pudo romper el muro de escudos anglosajón ni avanzar. Finalmente, los normandos se retiraron. Los anglosajones, entusiasmados, se lanzaron a la persecución, pero los normandos solo habían estado fingiendo una retirada. La batalla se volvió aún más sangrienta, y Harold murió a causa de una flecha que lo alcanzó en el ojo. Esto provocó la desintegración de las fuerzas anglosajonas. Guillermo, duque de Normandía, pasó a ser conocido como Guillermo el Conquistador. Se convirtió en rey de Inglaterra el día de Navidad de 1066[i].

Teorías interesantes

El compromiso cambió permanentemente la trayectoria de la historia de Inglaterra, pero no fue una decisión tomada de improviso. Los acontecimientos que se sucedieron durante décadas condujeron a la elección final de Guillermo de Normandía a favor de la invasión como única opción viable. En esta sección, veremos lo que ocurrió con respecto a la sucesión y algunas cosas que los historiadores tienen en cuenta al analizar lo sucedido.

- Las maniobras de Eduardo el Confesor

Hay historiadores que sostienen que Eduardo el Confesor no era el incompetente simplón de muchas representaciones. Fue un hombre que experimentó los altibajos de la política real a principios del siglo XI. Es posible que Eduardo maniobrara para proteger los intereses de su reino mientras aún vivía y evitar invasiones masivas. Es posible que Eduardo estuviera enfrentando a un bando contra otro.

Podía hacer promesas a ciegas, sabiendo que no estaría cerca para ver el resultado. La sucesión anglosajona era diferente a la del resto de Europa, y Eduardo lo sabía de primera mano. La primogenitura no siempre fue la forma en que se confería la corona inglesa. Alfredo el Grande es un ejemplo clásico. Los anglosajones estaban dispuestos a pasar por alto a los hijos del rey y permitir que se sentara en el trono el hombre más capaz. Técnicamente, eso significaba que, aunque Eduardo el Confesor hiciera una promesa al duque Guillermo de Normandía, el rey sabía que el *witan* podía anular su elección tras su muerte.

Eduardo podía hacer promesas y garantías a ambas partes. Al hacerlo, los paralizaba de hecho. Tanto Harold como Guillermo podían

---

[i] Augustyn, A. (2023, 23 de agosto). *Harold II*. Extraído de Britannica.com: https://www.britannica.com/biography/Harold-II

sentarse y creer que serían los reyes a la muerte de Eduardo. Todo lo que hacía falta era que el viejo rey falleciera. Si Eduardo hizo promesas, sabiendo muy bien que el *witan* podía anular la promesa, podría haberlo hecho para garantizar que su reino no se viera perturbado por una sola parte que intentara apoderarse del trono[i].

- Harold podría haber ganado fácilmente en Hastings en condiciones normales

Siempre se debatirá si Heraldo hizo una promesa a Guillermo de Normandía respecto a la sucesión. Lo que más importa es que Harold Godwinson fue coronado rey de Inglaterra y Guillermo de Normandía cruzó las aguas para disputársela. ¿Quién habría ganado? Un encuentro en Hastings. ¿En condiciones normales? Nosotros decimos que habría sido Harold, sin lugar a dudas. He aquí por qué.

Cualquiera que haya leído la historia del Teatro del Pacífico de la Segunda Guerra Mundial puede apreciar que los desembarcos anfibios son muy difíciles, especialmente cuando son disputados. Los marines estadounidenses lo comprobaron en Tarawa y Saipán, entre otros asaltos. Guillermo habría tenido dificultades para triunfar si su flota hubiera sido recibida en la playa por el ejército de Harold que aguardaba su llegada. Que los anglosajones leales a Harold pudieran marchar más de cien millas hasta Stamford Bridge en tres días indica claramente lo duros que eran esos hombres (repitieron esa marcha forzada al volver de Stamford Bridge a Hastings).

Harald Haardrade era uno de los mejores líderes militares del siglo XI, y dirigía una fuerza de veteranos curtidos. Harold fue capaz de sorprenderlo y derrotarlo. Es probable que la moral del ejército de Harold fuera muy alta tras derrotar a Haardrade. La fuerza invasora de Williams era aproximadamente del mismo tamaño que el ejército de Haardrade, por lo que los hombres de Harold sabían que podían enfrentarse a los normandos sin preocuparse demasiado.

El baluarte del apoyo de Harold era Wessex. Y allí desembarcó Guillermo. Los habitantes de Wessex se habrían unido en torno a Harold y habrían opuesto una tenaz resistencia. Es esencial recordar que Inglaterra había soportado la invasión de Svend Forkbeard y otras fuerzas marítimas dentro de la memoria viva. Sabían por experiencia

---

[i] Dr. Jessica Nelson, P. *The death of Edward the Confessor and the conflicting claims to the English Crown.*

propia o por las historias que les habían transmitido sus abuelos y padres, qué esperar y cómo defenderse.

Guillermo desembarcó en la playa de Pevensey y luchó contra Harold en Hastings. Los normandos seguían en desventaja durante los combates. El muro de escudos anglosajón era un asesino de caballeros. Guillermo podía pasarse el día entero enviando a sus tropas montadas contra ese muro y, si no se rompía, lo único que ganaría serían los cadáveres de sus propios hombres. Harold podría esperar todo el día y, al anochecer, ordenar una retirada ordenada. Guillermo podría entonces adentrarse en el campo hacia un campo de batalla elegido por Harold mientras era acosado por los partisanos de Wessex durante todo el camino. Harold podría tender fácilmente una emboscada y destruir el ejército de Guillermo.

- William necesitaba desesperadamente una distracción exitosa.

Guillermo era hijo ilegítimo y tuvo que luchar mucho para conservar su ducado. Normandía fue escenario de constantes luchas y Guillermo merece el mérito de haber mantenido a raya a sus enemigos.

Inglaterra era un país rico con tierras muy fértiles. Guillermo podría atraer a hombres combatientes para que se unieran a él en una campaña de conquista. Una vez que hubiera ganado, Guillermo podría repartir la tierra entre sus soldados vencedores. Eso atraería a los hombres para que se fueran con él y no se quedaran en Normandía para amenazar sus posesiones. Guillermo necesitaba agotar la mano de obra disponible en Normandía, y una invasión de Inglaterra le daba esa oportunidad.

Todo esto son especulaciones porque los hechos anulan lo que podrían haber sido hipótesis. Lo que sugerimos es que Eduardo el Confesor tenía razones para prometer la luna a todo el mundo, Harold tenía una excelente oportunidad de ganar en Hastings y Guillermo necesitaba una invasión para asegurar sus posesiones existentes.

Los días que siguieron

En el siglo XII surgieron historias de que Harold no murió en Hastings. Se afirmaba que se recuperó de sus heridas al cabo de dos años y luego se fue en peregrinación. Harold regresó como un hombre mayor y vivió como ermitaño hasta que reveló su verdadera identidad antes de morir. Es un relato interesante, pero es materia de leyendas.

Después de que Guillermo fuera ungido rey de Inglaterra, introdujo las costumbres normandas en Inglaterra. El francés se convirtió en la lengua de la nobleza y la política exterior inglesa se vinculó más a los acontecimientos del continente.

Los vikingos habían sido una parte importante de la historia inglesa durante más de trescientos años. Su influencia política murió en Stamford Bridge. Aun así, los invasores escandinavos dejaron un legado que sigue presente en la actualidad. Pero después de la batalla de Hastings, fueron los normandos quienes desempeñaron un papel relevante en el moldeamiento de Inglaterra. La lengua y las costumbres anglosajonas perdieron importancia con el paso de los años, ya que el normando se convirtió en la lengua de la corte. Entonces, todo cambió cuando un poeta real llamado Geoffrey Chaucer afiló su pluma y comenzó a redactar una historia en inglés medio sobre un grupo de peregrinos que se dirigían a Canterbury. Él ayudó a legitimar el uso del inglés medio en la literatura.

Capítulo nueve: La vida de un vikingo en Inglaterra

Los vikingos eran algo más que ladrones que vagaban por las costas. Muchos vikingos eran agricultores en Escandinavia. Cuando no estaban remando en alta mar, cultivaban cosechas para alimentar a sus familias. El aumento de la población de Escandinavia hizo que muchos buscaran otros lugares para ganarse la vida y buscar fortuna. Islandia era un destino, pero uno mayor era Inglaterra.

Cuando los escandinavos emigraron a Inglaterra, se establecieron y crearon una vida en su nuevo hogar. Queremos describir cómo podría haber sido la vida de los vikingos que se asentaron en Inglaterra. Veremos las actividades del día a través de los ojos de una pareja de vikingos llamados Olaf y Emma.

El canto del gallo

Era el comienzo de un nuevo día. Era el comienzo de la primavera en lo que hoy es Yorkshire, Inglaterra. El sol acababa de salir y los animales de la granja se agitaban en busca de su desayuno. Olaf y Emma se levantaron y recorrieron su pequeña granja.

Olaf tenía poco más de treinta años. Hubo un tiempo en el que fue miembro de la tripulación de un barco vikingo que atacaba la costa inglesa. Aquellos días habían terminado. Olaf se hizo cristiano, en parte por convicción religiosa y en parte porque quería hacer negocios con mercaderes y comerciantes cristianos. Ahorró lo suficiente del dinero que había recibido por la venta de su botín para comprar una pequeña granja, donde se ganó la vida para él y su familia.

Emma tenía unos veinte años. Ella y Olaf tenían dos hijos. Aunque la vida era bastante dura en la granja, a ella no le importaba. Había crecido en Noruega y estaba acostumbrada a trabajar duro para ganarse la vida.

Olaf y Emma tenían un pequeño rebaño de ovejas, dos vacas y algunas gallinas. Olaf también tenía algunas tierras en las que cultivaba cebada y centeno, y pastos en los que podían cosechar heno y guisantes.

La Inglaterra anglosajona era un estado rural, por lo que la mayoría de la población se dedicaba a la agricultura. Los vikingos que se retiraban de sus aventuras marítimas probablemente labraban sus tierras, que podrían haber recibido por sus servicios a sus señores. La granja tendría ganado si el granjero podía permitirse vacas o cerdos. El invierno habría sido una época lenta, pero el resto del año se dedicaría a cultivar la tierra. Olaf habría aprovechado los meses de invierno para tallar madera y Emma habría tejido telas de lana.

La conversión al cristianismo no siempre se debió a convicciones religiosas. Los vikingos asentados podían ver las ventajas de convertirse al cristianismo. Les daría la oportunidad de mezclarse con otras personas en Inglaterra y hacer negocios. Algunas de las conversiones fueron sinceras, mientras que otras no. Hubo situaciones en las que un vikingo se convertía al cristianismo y seguía adorando a Odín.

Antes de que la tierra estuviera lista para arar, Olaf y Emma decidieron hacer el viaje a York (o Jórvík, como llamaban los vikingos a la ciudad) y vender algunas de las tallas de madera y telas que habían producido en los oscuros días de diciembre y enero. Olaf se acercó a uno de sus vecinos, que tenía una gran granja, y le preguntó si podía pedirle prestado el caballo y la carreta del hombre. El vecino accedió, a condición de que Olaf hiciera de *sokeman* (hombre libre, que disfruta de amplios derechos, especialmente sobre su tierra) y le ayudara con su cosecha el otoño siguiente. Olaf aceptó.

Mientras él llevaba a cabo este negocio, Emma pidió a una de sus hermanas que vivía cerca que cuidara a los niños y atendiera al ganado a cambio de parte del dinero que ganaría en Jórvík. Cuando Olaf regresó a casa, cargó la mercancía en la carreta. Tras dejar a los niños con la hermana de Emma, ambos se dirigieron hacia el oeste por un camino de tierra hasta York.

El día era bastante cálido y corría una agradable brisa. Olaf y Emma aprovecharon para admirar las vistas. El territorio había sido antaño un lugar de violentas luchas, pero todo estaba en paz y así había sido durante varios años. Su ruta hacia York pasaba cerca de la orilla del río Ouse. Mientras la carreta crujía y retumbaba por el camino, Emma saludó a los barcos largos que navegaban por el río en dirección a York. Estos barcos iban cargados de mercancías que se venderían en el mercado.

Harald Haardrade utilizaba el río Ouse para navegar hasta ocho millas de York. La capacidad de los barcos largos vikingos para adentrarse en el campo tenía una ventaja significativa en tiempos de paz. Significaba que una ciudad como York podía beneficiarse del comercio marítimo[i].

Olaf y Emma pasaron las siguientes horas charlando y discutiendo qué hacer con la granja. Finalmente, justo cuando el sol empezaba a ponerse, vislumbraron las murallas de York. La ciudad estaba a solo unos kilómetros.

York tenía todo lo que una persona necesitaba para hacerse rica y tener éxito. Era un mercado importante en el norte de Inglaterra, así como un centro manufacturero. York fue originalmente una ciudad de guarnición romana. En el siglo XI se había convertido en un centro de comercio internacional, como demuestran las excavaciones arqueológicas de monedas de Samarcanda y conchas marinas del golfo Pérsico.

¿Qué tamaño tenía esta ciudad? Byrhtferth de Ramsey, escribiendo en el año 1000, estima que la población de York rondaba los treinta mil habitantes. Se trata, sin duda, de una exageración. El *Libro de Domesday* sugiere una población más cercana a los diez mil habitantes. Aun así, se trata de un número considerable, que convierte a York en la segunda ciudad más grande de Inglaterra, solo por detrás de Londres[ii]. Olaf condujo la carreta a través de las puertas abiertas de la ciudad justo antes de la puesta de sol. La pareja se encontraba ahora en la mayor comunidad de personas que jamás conocerían. Siendo del campo, Olaf y Emma estaban impresionados por el ajetreo y el bullicio de la ciudad. Emma se cruzó apresuradamente cuando pasaron por delante de una

---

[i] Battlefields Hub. (2023, 31 de agosto). *The Viking Invasion*. Extraído de Battlefieldstrust.com: https://www.battlefieldstrust.com/resource-centre/viking/campainpageview.asp?pageid=541

[ii] Aitcheson, J. (2023, 31 de agosto). *York*. Extraído de Jamesaitcheson.com: https://www.jamesaitcheson.com/england-in-1066/york/

vieja iglesia de piedra. No era un lugar de culto corriente. Era la iglesia de San Pedro; era la iglesia natal del arzobispo de York. Esta iglesia era el epicentro de la autoridad eclesiástica en el norte de Inglaterra.

La archidiócesis de York data del año 735, cuando Ecgbert, hermano de un rey de Northumbria, recibió el palio y fue reconocido como arzobispo. La iglesia de San Pedro sobrevivió a la invasión vikinga de 865, pero fue destruida por los normandos en 1069. La actual catedral de York, fue construida entre 1220 y 1472 y está considerada una obra maestra de la arquitectura de estilo gótico[i].

Empezaba a oscurecer y la pareja necesitaba encontrar un lugar donde pasar la noche. Emma estaba nerviosa porque temía que unos ladrones pudieran robarles todo lo que tenían. Su miedo provenía de las historias que había oído sobre la gente de York. Le habían dicho que tenían buen aspecto, pero que no se fiara de ellos.

Olaf le dijo que no se preocupara. Tenía unos amigos de sus días de trotamundos que vivían en York y los habían invitado a quedarse en su casa. Olaf recordó las indicaciones y dirigió la carreta por la calle hasta llegar a su destino. Sus amigos le dieron la bienvenida y le ayudaron a meter toda la mercancía en la casa.

Agotados por el viaje, Olaf y Emma se durmieron rápidamente. La mañana sería muy ajetreada. Esperaban tener un día provechoso.

Al mercado

Olaf se despertó justo antes del amanecer. Se movió en silencio para no molestar a Emma y desempaquetó cuidadosamente los productos que querían vender ese día. Olaf planeaba vender por la mañana lo que había hecho, y luego volver al mercado y vender los tejidos de Emma por la tarde. Estaba orgulloso de sus tallas de madera y tenía todo el derecho a estarlo.

Las tallas vikingas en madera son una forma de arte. Originalmente se utilizaban para decorar casas, barcos y otros lugares. Era el tipo de trabajo que hacían los escandinavos durante los largos inviernos para pasar las horas. Los intrincados patrones y estilos se siguen utilizando hoy en día y se enseñan a aficionados entusiastas[ii].

---

[i] History of York. (2023, 31 de agosto). *York Minster*. Extraído de Historyofyork.org: http://www.historyofyork.org.uk/themes/york-minster

[ii] Stryi Carving Tools. (2023, 31 de agosto). *Scandinavian Carving*. Extraído de

Olaf estaba igualmente orgulloso del trabajo que realizaba su esposa. Tejer era muy importante en la historia inglesa de la época. Tejer telas era una habilidad que requería paciencia y destreza. Se utilizaban diversas herramientas, como el huso, para hacer el hilo y tejer el material. A menudo, esas herramientas estaban hechas de madera, hueso o bronce. Para colorear la tela se utilizaban tintes naturales. El proceso llevaba mucho tiempo y requería habilidad. Las tejedoras más hábiles producían tapices de pared con la técnica del *soumak*. Otros artesanos utilizarían el material de Emma para confeccionar hermosas prendas de vestir y obras de arte[i].

El mercado de York

La primera carta de mercado de York se redactó en el año 700. En ella se especificaba dónde se ubicaría el mercado y qué días se celebraría. Solo los hombres libres podían vender mercancías.

Se montarían puestos temporales que se desmontarían después de los días de mercado. Así, en un lugar muy destacado, habría un espacio abierto durante unos días, mientras que otros días estaría abarrotado de comerciantes y mercaderes vendiendo sus mercancías.

Olaf no tenía puesto. Sin embargo, eso no importaba porque no pensaba tener un lugar permanente para vender sus productos. En cambio, vendería cosas a comerciantes, que a su vez las venderían a otros. Lo mismo ocurría con las telas de Emma.

Olaf y Emma ya habían estado antes en el mercado de York, así que sabían dónde ir a vender su mercancía. Visitaron unos cuantos puestos, hicieron algunas transacciones y, al final del día, los dos habían ganado una buena cantidad de dinero por sus esfuerzos[ii].

Pagos

Olaf y Emma cobraban con monedas por sus mercancías. No es cierto que las transacciones comerciales se realizaran todas en trueque. La Inglaterra anglosajona utilizaba monedas ya en el siglo VII, cuando Eadbaldo de Kent las fabricó por primera vez. El penique de plata era

---

Stryicarvingtools.com: https://stryicarvingtools.com/blogs/news/scandinavian-carving

[i] Regia Anglorum. (2023, 31 de agosto). *Textiles*. Extraído de Regia.org: https://regia.org/research/life/textiles.htm

[ii] History of York. (2023, 1 de agosto). *Trade in the Medieval City*. Extraído de Historyofyork.org: http://www.historyofyork.org.uk/themes/trade-in-the-medieval-city

una moneda común. Aunque al principio los vikingos utilizaban lingotes de plata en las transacciones, se sintieron más cómodos utilizando monedas a medida que se fueron asentando en el paisaje social inglés.

Cena en aquellos días

Olaf y Emma regresaron a casa de su amigo a tiempo para la cena. No sería un festín como el que serviría la nobleza, pero la comida sería saciante.

La comida era sencilla en aquella época porque poca gente podía permitirse poner especias en sus comidas. El pan era un alimento básico cotidiano y se cocinaba en un horno de barro. La dieta era principalmente vegetariana, y las cebollas, los nabos, la col y las zanahorias eran elementos habituales en la mesa. Podía servirse pescado salado o anguilas. La carne, como el cordero, se servía en ocasiones especiales.

La fruta era de temporada y estaba disponible en verano y en otoño. El agua estaba contaminada y no se servía en la mesa. En cambio, Olaf y Emma acompañaban la comida con cerveza diluida o sidra[i].

De vuelta a casa

Olaf y Emma partieron hacia casa a la mañana siguiente. Regalaron a sus amigos algunas de las tallas de madera y telas que no se vendieron. La vuelta a casa no les llevaría demasiado tiempo porque la carreta iba más ligera.

Olaf compartió con Emma una conversación que tuvo en York con un viejo amigo. Leif era un antiguo compañero de tripulación, y él y Olaf habían participado en varios viajes. Leif no se estableció para convertirse en granjero o comerciante. Decidió seguir siendo guerrero y fue mercenario. Compartió historias del tiempo que pasó en Bizancio como miembro de la Guardia varega.

La Guardia varega estaba compuesta principalmente por nórdicos. Eran los guardaespaldas del emperador bizantino. Leif le habló de las maravillas que vio del palacio y la corte imperial en Constantinopla. Leif también pasó algún tiempo en Nóvgorod, donde protegía a los mercaderes. Olaf disfrutaba con las historias, pero estaba contento con la vida que llevaba. Sus días en el agua pertenecían al pasado.

---

[i] Roller, S. (2023, 5 de junio). *What Did the Anglo-Saxons Eat and Drink?* Extraído de Historyhit.com: https://www.historyhit.com/anglo-saxon-food-and-drink/

El *thing*

Emma y Olaf estaban a medio camino de casa cuando se encontraron con un amigo al que hacía tiempo que no veían. Decidieron parar y charlar con él. La conversación fue de aquí para allá. Algunos de los temas eran asuntos que se habían discutido en el *thing* anual.

Se trataba de una tradición nórdica. Era una reunión que se celebraba anualmente y constituía un órgano central de gobierno. Era un lugar donde se podían discutir asuntos y decidir cuestiones legales. Las disputas podían resolverse pacíficamente. Los malhechores podían ser juzgados por sus presuntos delitos. A menudo se imponían multas a los declarados culpables.

La multa se conocía como *wergild*, que significa «pago del hombre». Era la indemnización que pagaba el culpable al perjudicado o a la familia de este, en caso de muerte. El estatus social del culpable determinaba la cuantía. Así, el *wergild* de una persona común era significativamente inferior al que se imponía a un hombre rico[i].

Olaf se estremeció al recordar un juicio en el *thing*. Los vikingos disfrutaban escuchando argumentos legales, y los juicios eran habituales siempre que se convocaba el *thing*. Tenían doce letrados hereditarios que escuchaban los casos, y los libertos se formaban en comités durante las sesiones del tribunal. Estos fueron los orígenes del sistema de jurados en la Inglaterra anglosajona. Etelredo el Indeciso contribuyó a impulsar el concepto de juicio por jurado con un código legal que estipulaba que doce *thegns* (nobles menores) principales de cada *wapentake* investigarían los delitos sin parcialidad. Enrique II formalizaría más tarde este proceso en el sistema de jurados.

Emma se rio entre dientes ante los comentarios de Olaf. Ella también había presenciado aquel juicio y tenía un significado especial para ella. Se trataba de una mujer que tenía una queja sobre cómo un hombre intentaba apoderarse de su propiedad. Las mujeres vikingas tenían derechos inauditos en otras partes de Europa. Podían poseer propiedades y heredar los bienes de sus padres. A las mujeres vikingas se les permitía tomar sus propias decisiones, que incluían a sus parejas matrimoniales y sus posesiones. Podían ocupar puestos de poder y autoridad en la comunidad.

---

[i] Nolen, J. L. (2023, 31 de agosto). *Wergild*. Extraído de Britannica.com: https://www.britannica.com/topic/wergild

La pareja se despidió de su vecino y siguió conduciendo. Se cruzaron con varias personas en el camino y Emma notó algo que la hacía sentir incómoda. Los vikingos y los anglosajones solían llevarse bien, pero Emma vio muchos ceños fruncidos en los rostros de la gente que pasaba. Mencionó sus preocupaciones a su marido, y Olaf asintió solemnemente con la cabeza.

El *danelaw* ya no existía y había desaparecido hacía años. Aun así, la gente recordaba los días en que las incursiones en Wessex trajeron el *danelaw*, y esos recuerdos morían con fuerza. Algunos sacerdotes se mostraban escépticos ante las conversiones vikingas y sospechaban que la gente seguía practicando los derechos paganos en la oscuridad.

Olaf recordó las conversaciones que mantuvo con un amigo en el asunto. El rey Etelredo el indeciso estaba preocupado por la lealtad de los daneses de su reino. El soberano empezaba a preguntarse si eran traidores. A los anglosajones parecía preocuparles que los antiguos vikingos quisieran volver a los días en que tenían un poder significativo. Olaf estaba profundamente preocupado porque se avecinaban tiempos difíciles. No repitió esa conversación a su esposa y trató de calmarla. Aun así, estaba preocupado.

Finalmente llegaron a casa de sus parientes y recogieron a sus hijos. La hermana de Emma conducía la carreta y la familia se sentó atrás como pasajeros. Una vez que llegaron a su granja, Emma y los niños entraron en la casa. Olaf se acercó a un pequeño cobertizo donde guardaba sus herramientas.

Una vez dentro de la choza, Olaf miró a su alrededor, intentando encontrar algo. Finalmente, vio un trozo de tela de Emma envuelto alrededor de algo. Recogió el bulto y quitó los tejidos para dejar al descubierto su contenido. Era su vieja hacha de batalla. Cuando dejó sus días de marinero, Olaf no dejó atrás sus herramientas. El hacha de batalla parecía un poco desafilada, pero podía afilarse hasta que el arma volviera a ser mortífera.

Olaf miró alrededor del cobertizo. En un rincón, detrás de unos aperos de labranza, estaba su viejo escudo. Aún era utilizable. Se mordió el labio inferior mientras oscuros pensamientos pasaban por su mente.

Leif había intentado persuadirlo para que se hiciera mercenario en Rus', pero Olaf había declinado. Estaba contento con su nueva vida, pero no le gustaba cómo iban las cosas. Sus vecinos anglosajones empezaban a mostrarse hostiles hacia él. No le costaría mucho al rey

Etelredo volverse contra sus súbditos daneses. Algunos estarían dispuestos a hacer el trabajo sucio del rey. A Olaf no le gustaba pensar en ello, pero si alguien intentaba hacer daño a su familia, ese tonto descubriría que aún quedaba algo del viejo *berserker* acechando en su interior, esperando para liberarse.

Olaf no permitiría que nadie destruyera lo que él y Emma habían creado con tanto esfuerzo. Miró al suelo del cobertizo, buscando algo más. Era una piedra de afilar. En silencio, aplicó la piedra de afilar a la hoja de su hacha de batalla, afilando el arma hasta que estuviera lista para la batalla.

Conclusión

La era vikinga duró poco más de trescientos años, pero se produjeron cambios significativos en Inglaterra. El país pasó de cuatro reinos a un estado unificado. Se trata de un logro considerable si se compara Inglaterra con el resto de la Europa medieval. Países como Francia o España no se unirían hasta siglos más tarde.

La historia de los vikingos tiene muchos componentes. Al leer sobre los vikingos, es esencial recordar que algunos de los primeros relatos fueron escritos por hombres que no tenían motivos para presentar a los nórdicos bajo una luz favorable. La investigación moderna y la arqueología nos han dado una mejor imagen de quienes vivieron en la Escandinavia medieval. Los tiempos eran duros, pero la gente no era salvaje. Eran algo muy diferente.

Inglaterra, como nación, dio pasos sustanciales. Era una nación de leyes cuando Guillermo el Conquistador puso el pie en la orilla cerca de Hastings. Las cartas y los códigos legales sustituyeron a las tradiciones y los rituales como instrumentos de administración y justicia. Los vikingos tienen derecho a reclamar parte de estos avances con las innovaciones que introdujeron.

No estamos diciendo que los vikingos y los anglosajones convirtieran Inglaterra en una mancha urbana. Sin embargo, ambos contribuyeron a crear centros urbanos que antes no existían. Es cierto que pasarían siglos antes de que Inglaterra perdiera su composición rural. Sin embargo, los burgos y los *boroughs* aportaron a Inglaterra las ventajas de los entornos urbanos y de una población relativamente numerosa.

La mitología nórdica ha enriquecido la literatura inglesa durante miles de años. Aún leemos obras en las que han influido las historias vikingas en los libros de J. R. R. Tolkien y Neil Gaiman. Los programas de la cadena de televisión por cable como *Juego de Tronos* y *Vikingos* están llenos de referencias a leyendas originarias de Escandinavia.

Geoffrey Chaucer escribió en una lengua que se había convertido en un popurrí de frases y palabras recogidas de diversos grupos que llegaron a Inglaterra. Se creó una lengua rica con una base lingüística en el inglés antiguo, el francés y el nórdico. Muchos angloparlantes hablan sin darse cuenta del origen de los sustantivos, pronombres, adjetivos, verbos y adverbios. Los vikingos contribuyeron significativamente al vocabulario inglés moderno.

El arte vikingo evolucionó a lo largo de los siglos, y la influencia de los diseños vikingos ha aparecido en el arte inglés. El arte vikingo puede verse aún hoy en diversos diseños, desde joyas hasta diseño gráfico, especialmente juegos de ordenador.

Esto es solo una muestra de cómo los vikingos influyeron en Inglaterra. No hace falta decir que la época vikinga fue un periodo formativo. La sociedad moderna tiene cimientos producidos por la unión de dos culturas. En cierto modo, la diversidad de la sociedad inglesa fortaleció a la nación, ya que dio origen a una cultura que reflejaba la voluntad de aprender en lugar de resistirse a las influencias externas. Una tradición de asimilación, no de segregación, es un legado perdurable de esta época.

Vea más libros escritos por Enthralling History

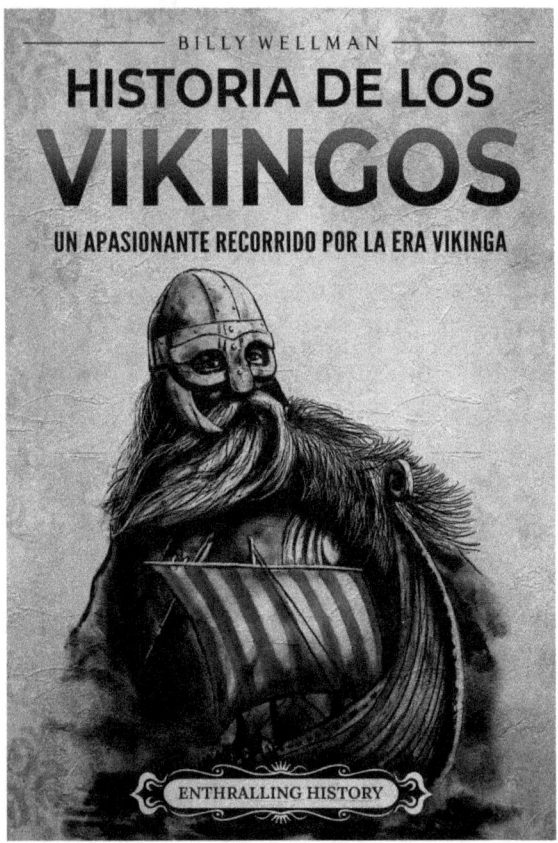

Bibliografía

Abernethy, S. (2014, 24 de enero). *Cnut England's Danish King.* Extraído de The Freelance History Writer: https://thefreelancehistorywriter.com/2014/01/24/cnut-englands-danish-king/.

Aitcheson, J. (2023, 31 de agosto). *York.* Extraído de Jamesaitcheson.com: https://www.jamesaitcheson.com/england-in-1066/york/.

Anglo-Saxon.net. (2023, 21 de agosto). *Early-Medieval-England.net Timeline: 871-899.* Extraído de Anglo-Saxon.net: http://www.anglo-saxons.net/hwaet/?do=seek&query=871-899.

Anglo-Saxons.net. (2023, 26 de agosto). *Edward the Elder.* Extraído de Early-Medieval-England: http://www.anglo-saxons.net/hwaet/?do=get&type=person&id=EdwardtheElder.

Augustyn, A. (2023, 23 de agosto). *Harold II.* Extraído de Britannica.com: https://www.britannica.com/biography/Harold-II.

Battlefields Hub. (2023, 31 de agosto). *The Viking Invasion.* Extraído de Battlefieldstrust.com: https://www.battlefieldstrust.com/resource-centre/viking/campainpageview.asp?pageid=541.

Baxter, Stephen (2009). "Edward the Confessor and the Succession Question". In Mortimer, Richard (ed.). Edward the Confessor: The Man and the Legend. Woodbridge: Boydell Press.

Bishop, C. (2021, 18 de marzo). *Horses in battle at the time of Alfred the Great.* Extraído de Historiamag.com: https://www.historiamag.com/horses-in-battle-at-the-time-of-alfred-the-great/#:~:text=King%20Edmund%20of%20East%20Anglia,of%20the%20horses%20they%20needed.

Brain, J. (2023, 29 de agosto). *Edward the Confessor*. Extraído de Historic-uk.com: https://www.historic-uk.com/HistoryUK/HistoryofEngland/Edward-The-Confessor/.

Brain, J. (2023, 27 de agosto). *King Æthelred The Unready*. Extraído de Historic-uk.com: https://www.historic-uk.com/HistoryUK/HistoryofEngland/Æthelred-The-Unready/.

Brain, J. (2023, 26 de agosto). *The Five Boroughs of Danelaw*. Extraído de Historic-uk.com: https://www.historic-uk.com/HistoryUK/HistoryofEngland/The-Five-Boroughs-Of-Danelaw/.

Britain Express. (2023, 20 de agosto). *Viking York*. Extraído de Britainexpress.com: https://www.britainexpress.com/cities/york/viking.htm.

Butler, J. (2023, 29 de agosto). *The Real Ragnar Lothbrok*. Extraído de Histori-uk.com: https://www.historic-uk.com/HistoryUK/HistoryofEngland/Ragnar-Lothbrok/#:~:text=This%20may%20well%20have%20been,settlement%20not%20far%20from%20Dublin.

Castelow, E. (2023, 29 de agosto). *The Battle of Stamford Bridge*. Extraído de Historic-uk.com: https://www.historic-uk.com/HistoryMagazine/DestinationsUK/The-Battle-of-Stamford-Bridge/.

Cavendish, R. (2002, noviembre). *The St. Brice's Day Massacre*. Extraído de History Today: https://www.historytoday.com/archive/st-brice%E2%80%99s-day-massacre.

Cerdic. (2023, 21 de agosto). *Treaty Of Wedmore 878-890*. Extraído de The History of England: https://thehistoryofengland.co.uk/resource/treaty-of-wedmore-878-890/

Chakra, H. (2021, 27 de septiembre). *The Story of Danelaw*. Extraído de About-history.com: https://about-history.com/the-story-of-danelaw/.

Curry, A. (2017). *How to Fight Like a Viking*. Extraído de Nationalgeographic.com: https://www.nationalgeographic.com/history/article/vikings-fight-warfare-battle-weapons.

Davidson, Michael R. (2001). "The (Non)submission of the Northern Kings in 920". In Higham, N. J.; Hill, D. H. (eds.). Edward the Elder, 899–924. Abingdon, UK: Routledge. págs. 200–211.

Discover Middle Ages. (2023, 31 de agosto). *Viking Ships*. Extraído de Discovermiddleages.co.uk: https://www.discovermiddleages.co.uk/medieval-life/viking-ships.

Discovery. (2023, 3 de mayo). *Who was King Burgred of Mercia and what did he do?* Extraído de Discoveryuk.com: https://www.discoveryuk.com/monarchs-and-rulers/who-was-king-burgred-of-mercia-and-what-did-he-do/.

Dorothy Whitlock, W. A. (2023, 10 de agosto). *The Period of the Scandinavian Invasions.* Extraído de Britannica.com: https://www.britannica.com/place/United-Kingdom/The-church-and-the-monastic-revival.

Dr. Jessica Nelson, P. (2016, 5 de enero). *The death of Edward the Confessor and the conflicting claims to the English Crown.* Extraído de History.blog.gov.uk: https://history.blog.gov.uk/2016/01/05/the-death-of-edward-the-confessor-and-the-conflicting-claims-to-the-english-crown/.

Douglas, David C. (1990). *William the Conqueror: The Norman Impact Upon England.* London: Methuen.

"Edward the Elder". http://www.anglo-saxons.net/hwaet/?do=get&type=person&id=EdwardtheElder.

E. H. Seigfried, K. (2015, 6 de noviembre). *The Battle of Maldon.* Extraído de The Norse Mythology Blog: https://www.norsemyth.org/2015/11/the-battle-of-maldon.html.

England's North East. (203, 10 de agosto). *Northumbria's Downfall.* Extraído de Englandsnortheast.co.uk: https://englandsnortheast.co.uk/northumbria-anarchy/.

English Heritage. (2023, 10 de agosto). *Early Christianity in Anglo-Saxon Northumbria.* Extraído de English-heritage.org.uk: https://www.english-heritage.org.uk/visit/places/lindisfarne-priory/History/.

English History. (2023, 27 de agosto). *Sweyn Forkbeard.* Extraído de Englishhistory.net: https://englishhistory.net/vikings/sweyn-forkbeard/.

English Monarchs. (2023, 20 de agosto). *The Danelaw.* Extraído de Englishmonarchs.com: https://www.englishmonarchs.co.uk/vikings_11.html

English Monarchs. (2023, 23 de agosto). *The Battle of Brunanburh.* Extraído de Englishmonarchs.co.uk: https://www.englishmonarchs.co.uk/brunanburh.html.

Erenow.net. (2023, 26 de agosto). *The Danelaw II.* Extraído de Erenow.net: https://erenow.net/postclassical/thevikingsahistory/12.php.

European Royal History. (2022, 22 de octubre). *October 26, 899: Death of Alfred the Great, King of the Anglo-Saxons.* Extraído de Europeanroyalhistory.com: https://europeanroyalhistory.wordpress.com//?s=Alfred+the+Great&search=Go

Fi, B. a. (2015, 2 de mayo). *Vikings in the Danelaw.* Extraído de Babiafi.co.uk: https://www.babiafi.co.uk/2015/05/vikings-in-danelaw.html.

Garner, T. (2018, 2 de enero). *Michael Wood on Æthelstan's "Great War" to Unite Anglo-Saxon England.* Extraído de Historyanswers.co.uk: https://www.historyanswers.co.uk/history-of-war/michael-wood-on-Æthelstans-great-war-to-unite-anglo-saxon-england/

Giles, J.A. (1914). *The Anglo-Saxon Chronicle*. London: G. Bell and Sonson.

Henriques, M. (2023, 25 de julio). *The Enduring Influence of Norse Mythology on Contemporary Culture*. Extraído de Medium.com: https://medium.com/new-earth-consciousness/the-enduring-influence-of-norse-mythology-on-contemporary-culture-2e32cd2e3489

History of York. (2023, 1 de agosto). *Trade in the Medieval City*. Extraído de Historyofyork.org: http://www.historyofyork.org.uk/themes/trade-in-the-medieval-city.

History of York. (2023, 31 de agosto). *York Minster*. Extraído de Historyofyork.org: http://www.historyofyork.org.uk/themes/york-minster.

History-maps.com. (2023, 10 de agosto). *Viking Invasions of England*. Extraído de History-maps.com: https://history-maps.com/story/Viking-Invasions-of-England.

Irvine, A. (2022, diciembre). *10 Facts About Viking Warrior Ragnar Lodbrok*. Extraído de Historyhit.com: https://www.historyhit.com/facts-about-viking-ragnar-lodbrok/.

Kruljac, I. (2022, 20 de agosto). *The Great Heathen Army: What was it, and how did it unite the Vikings?* Extraído de Thevikingherald.com: https://thevikingherald.com/article/the-great-heathen-army-what-was-it-and-how-did-it-unite-the-vikings/76.

Legends and Chronicles. (2023, 20 de agosto). *Viking Children*. Extraído de legendsandchronicles.com: https://www.legendsandchronicles.com/ancient-civilizations/the-vikings/viking-children/.

Lewis, R. (2023, 20 de agosto). *Ivar the Boneless*. Extraído de Brittanica.com: https://www.britannica.com/biography/Ivar-the-Boneless.

MacNeil, R. (2019, mayo). *The Great Heathen Failure: Why the Great Heathen Army Failed to Conquer the Whole of Anglo-Saxon England*. Extraído de Digitalcommons.winthrop.edu: https://digitalcommons.winthrop.edu/cgi/viewcontent.cgi?article=1105&context=graduatetheses.

Maddicott, John (2010). The Origins of the English Parliament, 924–1327. Oxford, UK: Oxford University Press.

Marsh, A. (2022, 21 de junio). *In 793 AD, Vikings attacked Lindisfarne. Here's why it was so shocking*. Extraído de National Geographic.co.uk: https://www.nationalgeographic.co.uk/history-and-civilisation/2022/06/in-793ad-vikings-attacked-lindisfarne-heres-why-it-was-so-shocking.

Medieval Archives. (2020, 20 de noviembre). *King Edmund the Martyr Killed by the Great Heathen Army*. Extraído de Medievalarchives.com: https://medievalarchives.com/2020/11/20/king-edmund-the-martyr-killed-by-the-great-heathen-army/.

Meyer, I. (2021, 31 de julio). *Viking Art-The History of Norse and Viking Artwork*. Extraído de Artincontext.org: https://artincontext.org/viking-art/

Mingren, W. (2020, 21 de mayo). *Cnut the Great: The Myth, the Man, and the Multi-National Viking Monarch*. Extraído de Ancient Origins: https://www.ancient-origins.net/history-famous-people/cnut-great-0013741.

Neill, C. (2023, 17 de abril). *Who Was Harald Hardrada? The Norwegian Claimant to the English Throne in 1066*. Extraído de Historyhit.com: https://www.historyhit.com/1066-harald-hardraada-lands-england/.

New Advent. (2023, 20 de agosto). *St. Edmund the Martyr*. Extraído de Newadvent.org: https://www.newadvent.org/cathen/05295a.htm.

Nolen, J. L. (2023, 31 de agosto). *Wergild*. Extraído de Britannica.com: https://www.britannica.com/topic/wergild.

"Order of Medieval Women".
https://www.medievalwomen.org/aeligthelflaeligdnbsplady-of-the-mercians.html.

Ortenberg, Veronica (2010). "The King from Overseas: Why did Æthelstan Matter in Tenth-Century Continental Affairs?". In Rollason, David; Leyser, Conrad; Williams, Hannah (eds.). England and the Continent in the Tenth Century: Studies in Honour of Wilhelm.

Parker, E. (2016, octubre). *Cnut: The Great Dane*. Extraído de History Extra: https://www.historyextra.com/period/anglo-saxon/king-cnut-danish-why-called-great-rule-england-success/.

Pearce, S. (2023, 16 de febrero). *Where King Alfred Burnt Cakes in Athelney- King Alfred's Monument!* Extraído de Third Eye Traveler: https://thirdeyetraveller.com/where-king-alfred-burnt-cakes-in-athelney-king-alfreds-monument/.

Regia Anglorum. (2023, 31 de agosto). *Textiles*. Extraído de Regia.org: https://regia.org/research/life/textiles.htm.

Roller, S. (2023, 5 de junio). *What Did the Anglo-Saxons Eat and Drink?* Extraído de Historyhit.com: https://www.historyhit.com/anglo-saxon-food-and-drink/.

Ross, D. (2023, 26 de agosto). *King Æthelstan*. Extraído de Britainexpress.com: https://www.britainexpress.com/History/Æthelstan.htm.

Ross, D. (2023, 21 de agosto). *The Battle of Edington*. Extraído de Britain Express: https://www.britainexpress.com/History/battles/edington.htm.

Roua, V. (2016, 7 de mayo). *A Brief History of the Danish Vikings and of the Danelaw*. Extraído de Thedockyards.com: https://www.thedockyards.com/the-danish-vikings-and-the-danelaw/.

Shipfans.blogspot.com. (2023, 10 de agosto). *Drakkar Viking Ship 9th-132th century*. Extraído de Shipfans.blogspot.com:

http://shipfans.blogspot.com/2010/04/drakkar-viking-ship-9th-13th-century.html

Skald, F. t. (2016, 16 de septiembre). *Viking History: Post-by-Post*. Extraído de Fjorn-the-skald.tumblr.com: https://fjorn-the-skald.tumblr.com/post/150515624715/lesson-16-viking-money-commerce-coins-and.

Skjaden. (2020, 16 de enero). *Trade in the Viking Age-Do You Know Which Trade Towns That Were the Most Important Ones?* Extraído de Nordic Culture: https://skjalden.com/where-did-the-vikings-trade/.

Sky History. (2023, 20 de agosto). *11 Facts About Fearsome Viking "Ivar the Boneless"*. Extraído de www.history.co.uk: https://www.history.co.uk/articles/11-facts-about-fearsome-viking-ivar-the-boneless.

Sky History. (2023, 26 de agosto). *Old Norse Words We Use Every Day*. Extraído de www.history.co.uk: https://www.history.co.uk/shows/vikings/articles/old-norse-words-we-use-every-day.

Sky History. (2023, 20 de agosto). *Who Was Viking Legend Bjorn Ironside*. Extraído de History.co.uk: https://www.history.co.uk/articles/who-was-viking-legend-bjorn-ironside

Stryi Carving Tools. (2023, 31 de agosto). *Scandinavian Carving*. Extraído de Stryicarvingtools.com: https://stryicarvingtools.com/blogs/news/scandinavian-carving.

The History Junkie. (2023, 21 de agosto). *5 Reasons That Burhs Were Important and How They Helped Alfred the Great Defeat the Vikings*. Extraído de Thehistoryjunkie.com: https://thehistoryjunkie.com/5-reasons-that-burhs-were-important-and-how-they-helped-alfred-the-great-defeat-the-vikings/.

The Ministry of History. (2020, 5 de mayo). *Ragnar Lothbrok*. Extraído de Theministryofhistory.co.uk: https://www.theministryofhistory.co.uk/historical-biographies/ragnarlothbrok.

The Viking Answer Lady. (2023, 29 de agosto). *Origin of the phrase, "A furore Normannorum libera nos, Domine"*. Extraído de The Viking Answer Lady: http://www.vikinganswerlady.com/vikfury.shtml.

Thomsen, M. H. (2023, 10 de agosto). *Instrument navigation in the Viking Age?* Extraído de Vikingeskibs Muskeet: https://www.vikingeskibsmuseet.dk/en/professions/education/knowledge-of-sailing/instrument-navigation-in-the-viking-age.

Trow, M. J. (2005), *Cnut – Emperor of the North*, Stroud: Sutton.

Ulvog, J. (2017, 8 de noviembre). *Size of Viking raiding parties*. Extraído de Ancientfinances.com: https://ancientfinances.com/2017/11/08/size-of-viking-raiding-parties/#:~:text=In%20The%20Vikings%20course%20from,500%20up%20to%201%2C200%20warriors.

Viking.no. (2004, 14 de agosto). *The Danelaw: Population, culture and heritage.* Extraído de Viking.no: https://www.viking.no/e/england/danelaw/e-heritage-danelaw.htm.

Viking.no. (2004, 14 de agosto). *Trade routes in the British Isles.* Extraído de Viking.no: https://www.viking.no/e/england/york/jorvik_trading_centre_2.html.

Warriors & Legends. (2023, 20 de agosto). *Viking Warrior Raids.* Extraído de Warriorsandlegends.com: https://www.warriorsandlegends.com/viking-warriors/viking-warrior-raids/.

Warriors and Legends.com. (2023, 31 de agosto). *Famous Viking Warriors.* Extraído de Warriorsandlegends.com: https://www.warriorsandlegends.com/viking-warriors/famous-viking-warriors/.

Williamson, J. (2022, 20 de agosto). *Who was Ubba Ragnarsson, the Viking commander of the Great Heathen Army?* Extraído de Thevikingherald.com: https://thevikingherald.com/article/who-was-ubba-ragnarsson-the-viking-commander-of-the-great-heathen-army/194.

Zimmerman, M. (2023, 29 de agosto). *Earl Godwin, The Lesser Known Kingmaker.* Extraído de Historic-uk.com: https://www.historic-uk.com/HistoryUK/HistoryofEngland/Earl-Godwin/.

Fuentes de imágenes

[1] *Marit Synnøve Vea, CC BY-SA 3.0 <https://creativecommons.org/licenses/by-sa/3.0>, vía Wikimedia Commons; https://commons.wikimedia.org/wiki/File:DRAKEN_HARALD_H%C3%85RFAGRE._9._BORDGANG_SNART_P%C3%85_PLASS.jpg*

[2] *https://commons.wikimedia.org/wiki/File:Viking_Siege_of_Paris.jpg*

[3] *Hel-hama, CC BY-SA 3.0 <https://creativecommons.org/licenses/by-sa/3.0>, vía Wikimedia Commons; https://commons.wikimedia.org/wiki/File:England_Great_Army_map.svg*

[4] *https://commons.wikimedia.org/wiki/File:%C3%86thelred_-_MS_Royal_14_B_VI.jpg*

[5] *Hel-hama, CC BY-SA 3.0 <https://creativecommons.org/licenses/by-sa/3.0>, vía Wikimedia Commons; https://commons.wikimedia.org/wiki/File:Anglo-Saxon_burhs.svg*

[6] *Hel-hama, CC BY-SA 3.0 <https://creativecommons.org/licenses/by-sa/3.0>, vía Wikimedia Commons; https://commons.wikimedia.org/wiki/File:England_878.svg*

[7] *The Portable Antiquities Scheme/ The Trustees of the British Museum, CC BY-SA 4.0 <https://creativecommons.org/licenses/by-sa/4.0>, vía Wikimedia Commons; https://commons.wikimedia.org/wiki/File:Thurcaston_Viking_mixed_coin_hoard_(FindID_106146).jpg*

[8] *https://commons.wikimedia.org/wiki/File:%C3%86thelfl%C3%A6d_as_depicted_in_the_cartulary_of_Abingdon_Abbey.png*

[9] *https://commons.wikimedia.org/wiki/File:Edward_the_Elder_-_MS_Royal_14_B_VI.jpg*

[10] *https://commons.wikimedia.org/wiki/File:Athelstan_from_All_Souls_College_Chapel.jpg*

[11] *Ikonact, CC BY-SA 3.0 <https://creativecommons.org/licenses/by-sa/3.0>, vía Wikimedia Commons; https://commons.wikimedia.org/wiki/File:British_Isles_X_century.svg*

[12] *https://commons.wikimedia.org/wiki/File:Charter_S416_written_by_%C3%86thelstan_A_in_931.jpg*

[13] *https://commons.wikimedia.org/wiki/File:Ethelred_the_Unready.jpg*
[14] *https://commons.wikimedia.org/wiki/File:Canute_and_%C3%86lfgifu_cropped_(Canute).jpg*

www.ingramcontent.com/pod-product-compliance
Lightning Source LLC
LaVergne TN
LVHW051746080426
835511LV00018B/3242